内 容 提 要

新疆得天独厚的光热资源和气候条件孕育了一大批特色农产品，是我国重要的棉花、粮食、瓜果、畜产品、啤酒花、番茄酱、制糖甜菜、打瓜、油葵、亚麻、小茴香、红花、芳香植物、大芸、羊肉、细羊毛、乳制品和冷水鱼等特色农产品生产基地。“十一五”以来，新疆重点加强调整优化农业结构，特色农业四大基地和六大产业体系已逐步形成，正进入一个新的历史发展时期。本研究在评价分析新疆特色农业和特色农产品在全国的地位、优势、出口竞争力及存在的问题和障碍的基础上，提出新时期新疆特色农业的发展思路、发展战略、发展方向和发展目标，并从基地建设、加工转化、市场体系和流通体系建设、标准化体系建设、产业化发展、政策和资金支持、科技支撑等方面，提出加快发展新疆特色农业的措施和建议。同时，对一些重点特色农业产业发展进行了专题研究和探讨，以期能为新疆现代农业发展提供依据和借鉴。

华农业科教基金会资助出版

新疆特色农业发展战略研究

马惠兰　著

中 国 农 业 出 版 社

图书在版编目（CIP）数据

新疆特色农业发展战略研究 / 马惠兰著 . —北京：中国农业出版社，2011. 7
ISBN 978-7-109-13728-8

Ⅰ. ①新… Ⅱ. ①马… Ⅲ. ①特色农业-农业经济-经济发展战略-研究-新疆 Ⅳ. ①F327. 45

中国版本图书馆 CIP 数据核字（2011）第 130255 号

中国农业出版社出版
（北京市朝阳区农展馆北路 2 号）
（邮政编码 100125）
责任编辑 程秀芬

中国农业出版社印刷厂印刷 新华书店北京发行所发行
2011 年 8 月第 1 版 2011 年 8 月北京第 1 次印刷

开本：787mm×1092mm 1/16 印张：15
字数：149 千字 印数：1～1 000 册
定价：35. 00 元

序

天山南北，田园壮美，瓜果飘香。新疆这片神奇的土地，有着充裕的光热资源、广阔的可耕地面积、繁多的生物种质资源和较为丰富的淡水资源。新疆区位优势明显，面向我国内地和中亚、西亚、南亚两个13亿人口的大市场，与8个国家接壤。进入新世纪，特别是“十一五”以来，新疆大力实施优势资源转换战略，促进现代农业发展，棉花、林果、糖料、油料、加工番茄、设施蔬菜、特色养殖和休闲食品等特色农业产业发展迅猛，基地建设能力和科技支撑能力大大增强。新疆已建设成为中国最大优质棉花产区、西北重要粮食产区和全国重点特色农产品产区，棉花、瓜果、甜菜、番茄酱、油葵、红花、亚麻、打瓜、孜然、啤酒花、芳香植物、大芸等特色农产品品质优良，在国内外享有盛誉。

为加强对新疆特色农业产业发展的研究，提出更多具有前瞻性、理论性和实用性的决策建议，新疆农业大学马惠兰教授与相关专家一起，向农业部申请了“新形势下新疆特色农业发展战略研究”课题。该课题被农业部确定为“十二五”规划重点研究课题，研究报告已经通过农业部专家组验收，一些提法和思路引起了有关部门的高度重视，部分研究成果被吸收进《全国现代农业发展规划（2011—2015）》之中。在课题研究的基础上，马惠兰教授对研究内容进行了理论归纳和系统拓展，形成了《新疆特色农业发展战略研究》。

该书对特色农业的概念进行了科学阐述，将新疆特色农产品范围界定为大宗农作物、特色园艺产品、特色红色产品、特色经济小作物、特色中药材、特色畜产品和特色水产品六大类。对新疆主要特色农产品在全国的比较优势和地位进行了定量分析评价，对外向型农业发展中一些重点特色农产品出口竞争力和优势进行了客观评价和论证。在分析新疆特色农业发展优势和存在的问题与障碍的基础上，重点提出新时期新疆特色农业的发展思路和发展战略，分别提出新疆特色农产品如棉花、甜菜、油葵等大宗农作物，哈密瓜、葡萄、香梨、杏、红枣、核桃等特色园艺产品，加工番茄、加工辣椒等特色红色产品，香料、打瓜、食用菌、孜然、啤酒花等特色经济小作物，大芸、麻黄、甘草、雪莲等特色中药材，乳制品、羊肉、细羊毛等特色畜产品和冷水鱼特色水产品的发展方向、发展目标和区域布局，并从基地建设、产业化发展、科技支撑等方面提出发展特色农业的措施和建议。本书还对加工番茄、红枣、核桃、葡萄、啤酒花等发展势头迅猛、市场前景较好的部分特色农产品产业进行了专题探讨，提出了这些特色农产品产业的发展思路、发展模式、发展项目和支持政策。

该书对新疆特色农业产业发展的理论和实践做了系统和全面的研究，资料翔实，内容丰富，具有很强的理论性和实践性，对于当前推进特色农业产业发展，加快现代农业建设，无论在发展思路还是在发展模式上，都具有重要的实践意义和学术价值。

欣喜之际，为之序。

中国农学会副秘书长 刘荣光

2011年6月30日于乌鲁木齐

导 言

农业长期以来作为经济社会发展的基础支持产业，在新的历史转型和过渡时期，也正面临发展方式的重大调整和改革。“十二五”发展规划纲要把推进农业现代化建设作为一项重大任务，提到了与发展工业化、城镇化同等重要的战略地位，明确指出要坚持走中国特色农业现代化道路，加快转变农业发展方式，提高农业综合生产能力、抗风险能力、市场竞争能力。要求完善现代农业产业体系，发展高产、优质、高效、生态、安全农业，促进园艺产品、畜产品、水产品规模种养，加快发展设施农业和农产品加工业、流通业，促进农业生产经营专业化、标准化、规模化、集约化，提高农业现代化水平和农民生活水平，加快发展现代农业。这给新时期新疆特色农业发展提出了更高的要求。

新疆农业生产资源丰富，农产品种类繁多，品种齐全，具有生产和发展棉花、番茄、制糖甜菜、葡萄、哈密瓜、香梨、红枣、核桃以及红花、枸杞、打瓜、芳香植物等多种特色农产品的优势和条件。改革开放以来，新疆农业发展趋势强劲，农业总产值以高于全国平均水平的速度快速增长，已成为我国重要的粮食基地、棉花基地、林果基地和畜牧业基地，并逐步形成棉花、粮食、瓜果、畜牧、区域特色作物、设施农业六大特色农业产业。目前，新疆粮食总产量突破 1 000 万 t；棉花产量占全国棉花总产量的 40%，交易量占全国商品棉交易量的 60%和出口贸易量的100%；制糖甜菜产量占全国的近60%；特色林果种植面积超过113.3万hm^2，产量500万t以上，哈密瓜、葡萄、香梨、杏、苹果等传统水果优势地位不断巩固，红枣、核桃等特色干果规模扩张迅猛，优势逐渐凸显；加工番茄、啤酒花、枸杞、红花等特色经济作物特色鲜明，产量分别占全国的90%、70%、50%、60%以上。同时，新疆作为全国五大牧区之一，在生产肉羊、肉牛、奶牛等畜产品方面具有一定的优势，牛肉、羊肉、牛奶总产量分别位居全国第五位、第二位、第六位。设施农业、区域特色农业快速发展，正在成为新疆特色农业发展新的增长点，特色农业发展综合实力进一步提升。

然而，由于受农业生产基础薄弱、设施落后、农业生产条件较差以及科技、信息、资金等生产要素投入不足的影响，导致地区间发展不平衡、名优产品不多、产业化发展水平滞后、市场竞争力较低、农产品加工储藏保鲜能力低、市场开拓能力不强，致使新疆特色农业发展水平不高、农民收入低，与全国平均水平差距大。因此，大力发展新疆特色农业已成为新疆现代农业发展的必然要求，也是新疆经济实现跨越式发展的重要基础，更是拉动农民收入增长的客观需要。发展特色农业有利于发挥区域优势，实现优势资源转换；有利于加快农业产业化进程，促进农民增收；有利于调整农业产业结构，优化区域布局；有利于加快特色农产品市场开拓，增强市场竞争力；有利于加快推进传统农业向现代农业转型；有利于保护和改善生态环境，实现可持续发展。

与全国其他省（自治区）相比，新疆具有发展区域特色农业的独特优势。一是新疆光热资源十分丰富，典型的大陆性干旱气候，为发展新疆绿洲特色农业提供了得天独厚的生产条件，特色农作物不仅产出水平高，而且品质优良，病虫害发生率低，有利于无公害农产品、绿色食品和有机食品的生产。二是新疆地域辽阔，土地资源丰富且类型多样，一方面能使粮食、棉花、红色作物、特色林果、设施农业、畜牧业等特色农业发展形成规模，实现规模经营和规模效益，另一方面也能为特色农业多样性和灵活性发展以及结构调整提供保障。三是新疆特殊的区域环境和条件，孕育了一大批特色优势农产品，目前已有哈密瓜、吐鲁番葡萄、吐鲁番葡萄干、莎车巴旦木、英吉沙色买提杏、木垒鹰嘴豆、库尔勒香梨、若羌红枣、阿克苏苹果等 10 多个地理标志农产品，对于增强特色农产品品牌优势和品牌效应具有重要作用。四是新疆地处我国西北部，位于欧亚大陆腹地，与蒙古、俄罗斯、哈萨克斯坦、吉尔吉斯斯坦、塔吉克斯坦等 8 个国家山水相连，是我国拥有邻国最多、边境线最长的自治区，有面向中亚、西亚等对外开放的陆路一类口岸 17 个、二类口岸 12 个。其特殊的地缘和区位优势，已成为我国“东联西出”，开拓中亚、南亚、西亚和东欧市场的前沿阵地，是我国向西开放和开拓中亚、西亚以及欧洲市场的重要枢纽和桥头堡，为我国和新疆对外农业合作及农产品贸易提供了便利。

通过多年努力，新疆特色农业发展和建设已取得阶段性成果，在全国的地位举足轻重。从新疆特色农业在全国比较优势地位的测算和分析得出：与全国其他产棉地区相比，新疆棉花生产无论是其生产规模还是生产效率，在全国都具有极强的相对比较优势，其优势地位不可取代；与全国平均水平相比，新疆甜菜生产具有极强的比较优势，其综合比较优势得益于极强的生产规模优势和生产效率优势；新疆油葵生产在全国也具有相对优势；新疆粮食生产（小麦和玉米）在全国具有相对生产效率优势；新疆哈密瓜、葡萄、香梨、核桃、杏等特色林果，在全国具有极强的生产规模优势和生产效率优势，其综合比较优势地位突出。新疆红枣目前只有规模优势，还没有形成效率优势。从新疆特色农产品出口竞争力评价结果显示：与全国农产品出口竞争力相比，新疆番茄酱、鲜苹果、鲜葡萄、葡萄干、梨等特色农产品具有较强的出口竞争力，其中番茄酱、鲜葡萄和葡萄干的国际市场占有率较高，均呈上升趋势；新疆棉花具有一定的出口竞争力；新疆小麦没有出口竞争力；新疆哈密瓜、红枣、核桃等特色农产品虽然处于净出口状态，但出口量很小，国际市场占有率也极低，出口竞争优势不明显，还没有形成国际竞争力。

与现代农业发展要求相比，新疆特色农业发展还面临着许多问题与障碍。一是特色农业布局不尽合理，技术发展水平低。目前，新疆特色农业发展结构雷同现象突出，特色农业生产标准化水平较低，现代农业技术运用和推广不足，各地比较优势未能充分发挥，生产和经营分散，区域化布局、专业化分工的有效格局尚待完善和提高。二是产业化程度不高，产品附加值低。特色农产品龙头企业数量少、实力弱，加工能力不足、加工水平和层次较低，开拓市场和辐射带动能力不强。三是地方财政困难，对特色农业发展投入不足。四是生态环境脆弱，自然灾害频发，严重制约着特色农业的顺利发展。五是远离主体市场，农产品市场消费半径过大，市场开拓体系建设滞后，农产品流通环节成本高，减弱了其市场竞争力。六是农民受教育程度低，掌握现代农业生产技术困难，少数民族比重大，存在语言沟通障碍，缺乏懂技术、会管理、善经营的实用人才和骨干，农技服务人员严重不足，农民生产组织化程度不高。上述这些问题制约了新疆特色农业产业化经营。

在以上分析的基础上，本研究探讨了新时期新疆特色农业发展的指导思想，结合实际提出了坚持以市场为导向、调整优化结构，坚持因地制宜、发挥比较优势，坚持实现农业增效、农民增收，坚持建设节约型农业、走可持续发展道路，坚持经济效益与生态效益并重的五项基本原则。重点研究和提出了新疆特色农业发展要“围绕一个核心、稳保两大基础产业、实现三个转变、提高四大能力建设、坚持五化发展、实施六大战略、做好七项保障、建设八大支撑体系、落实九大工程”的总体发展思路和发展框架。提出了促进特色农业发展的六大发展战略——优势资源转换战略，品牌战略，产业化发展战略，科技人才支撑战略，外向型农业带动战略，农业安全战略。同时，结合新疆区域特色农产品生产发展趋势，分别提出重点特色农产品的发展方向、发展目标和区域布局，并从特色农业基地建设、产业化发展、科技支撑、加工转化、标准化体系建设、市场体系和流通体系建设、政策和资金支持等方面，研究和探讨了新疆发展特色农业的保障措施与政策建议。

本研究还对新疆重点特色农业产业发展状况进行了专题研究，对加工番茄、棉花、哈密瓜、葡萄、香梨、红枣、核桃、啤酒花、枸杞等九大重点优势产业，从生产区域布局、基地建设、质量标准以及加工转化、市场开拓、产业化发展模式及发展策略等方面，进行了比较系统的分析，以期能为促进和提升新时期新形势下新疆特色农业产业发展提供依据，加快新疆现代农业发展进程。

目　　录

上篇

综合研究报告

1　新形势下新疆特色农业发展的重要性及意义

1.1　特色农业内涵及特征

1.1.1　特色农业内涵

特色农业是在区域独特的农业资源和生产技术条件下，对区域内的特色农产品进行产业化生产而形成的具有地方特色和科技特色的农业生产系统。在该生产系统中，特色农产品是核心，特色农产品生产或加工产业是依托，特色农业资源是基础，特色生产技术或加工技术是先导，特色农产品市场是其价值实现的重要场所。因此，特色农业是建立在特色资源优势基础上的集约型、科技型、效益型、产业化的新型农业，以特色农业资源的可持续利用为前提。

1.1.2　特色农业特征

（1）突出地域特色。一个地区适宜的农业结构是由该地区的资源禀赋条件诸如气候、土壤和社会经济共同决定形成的。由于纬度和地形地貌的差异，各个区域的水、热、光等资源丰歉度相差较大，地理位置与社会经济发展水平的差异，也会使不同区域的农业资源具有独特的类型和组合方式。正是由于农业资源区域差异性的存在，使各区域农业表现出各自的特色。

（2）突出独特性。特色农产品是特色农业的核心，特色农业的独特性就是依托地方特有的农业资源和农产品，进行规模化、产业化生产和加工，打造优势特色农产品，做到“人无我有”、“人有我优”、“人优我特”。

（3）突出以市场为导向。农产品的价值实现要通过市场来实现，因此，特色农业要突出市场导向性的特征。满足人们更高的、日益增长的多样化需求，是特色农业能够发展壮大的市场基础。由于市场需求在不断变化，不同时期的市场需求反映出对不同特色农产品的需求，因此，应依据市场消费结构和消费水平的变化，及时调整农业生产结构和品种，改良提高特色农产品品质，以满足不同消费层次的需求。

（4）突出规模化和产业化特色。特色农业是集约型和产业化型的新型农业发展模式，规模化生产不仅可以确保区域内农业资源的高效利用，实现农业生产的规模效益，而且还可以壮大农产品销售组织，在激烈的市场竞争中取得有利的市场地位。产业化生产可确保农产品生产和销售的一条龙服务，实现以市场需求为导向来引导农业生产，增强农产品市场竞争力。

（5）突出生态特色。特色农业资源的可持续发展是特色农业的前提，发展特色农业就需要突出农业资源的可持续利用以及生态环境的保护，建设以提高地表绿色覆盖为中心的生态农业。同时，大力发展无公害、绿色、有机农业，有助于提升农业生态系统的循环发展。

（6）突出科技特色。特色农产品生产和加工产业是特色农业的依托，要确保特色农产品推陈出新和品质的不断改良，就需要加大科技投入，关注农业科学技术的发展动向，努力提高农民科技文化素质，特别是科学种植、科学加工、科学储运保鲜的能力，并努力推广信息技术在农业中的广泛应用，以信息化带动特色农业的现代化。

1.2　新形势下新疆发展特色农业的重要性

1.2.1　有利于发挥区域优势，实现资源转换

新疆农业生产资源丰富，农产品种类繁多，品种齐全，有棉花、番茄、葡萄、石榴、哈密瓜、香梨、核桃、红花、巴旦木等多种特色农产品。这得益于优越的地理气候条件，光热资源充足，有利于农作物生长和养分积累，有利于优质粮棉、果品、花卉等经济作物的生长，加之种植区无重大工业污染源，农产品受污染程度小，农产品品质优良。因此，依托新疆特有的农业生产资源和优势特色农产品，发展特色农业，将会提升新疆特色农产品的知名度及消费者对其的认知度，有助于新疆农产品开拓市场，加快资源优势向市场优势转变。同时，通过发展特色农业，挖掘出一批具有明显比较优势的特色农产品，进而形成竞争力强、优势互补的产业群，将产品优势转换成产业优势和区域优势，实现资源优势向经济优势转换。

1.2.2　有利于调整农业产业结构，优化区域布局

当前，新疆农业发展已进入以质量、效益为中心，以结构调整为核心的重要时期，迫切需要发展特色农业。以新疆特色农业资源为基础，结合现有科技水平，大力发展具有竞争力的特色农产品和特色农业产业，有利于进一步优化以粮、棉为主的单一结

构，达到调整和优化农业产业结构目标。新疆地域广阔，地区间资源禀赋差异也非常明显，因此，从各地特色优势资源条件出发，因地制宜，集中精力发展具有资源优势、特色鲜明、市场前景广阔的特色农产品和特色农业产业，有利于发挥各地优势，避免区域农业生产结构趋同，形成各区域特色农产品生产基地和特色优势产业，促进区域内农业生产结构合理布局。

1.2.3 有利于加快农业产业化进程，促进农民增收

新疆农民收入低，与全国平均水平差距大，依靠传统农产品的生产和加工来提高农民收入的空间已经变得越来越小。因此，新疆发展特色农业，围绕特色优势农产品，打造高水平、大规模的农产品精深加工业，生产较高附加值的名、优、特农产品，开发具有竞争优势的农产品，加快农产品产、加、销良性互动的现代农业产业体系，将有助于大幅度增加农业整体效益，提高农民收入。同时，通过特色农业产业化经营，将会拉长新疆农业产业链条，推动特色农产品生产基地发展，带动农产品加工、储藏、运输等相关产业的发展。此外，发展特色农业，还能带动休闲观光农业和生态农业的发展，拓宽农村非农就业途径，开辟新的就业渠道，增加就业机会，解决农村剩余劳动力就业问题。

1.2.4 有利于开拓特色农产品市场，增强竞争力

市场经济条件下，市场是农产品生产的先决条件，特色是农产品开拓市场的核心，如果没有特色，就没有市场。新疆位于我国西北边陲，远离中心消费市场，绿洲灌溉农业成本高，传统农

产品缺乏市场竞争力。因此，以质量、效益为中心，大力发展具有资源优势、特色明显、发展潜力大、市场前景广阔的特色农产品，是新形势下新疆开拓农产品市场的重要前提。

新疆特色农产品种类繁多，但名优产品不多，加之农产品加工、储藏、保鲜能力低以及科技、信息等生产要素投入不足，制约了农产品市场开拓能力，市场竞争力较低。通过发展特色农业，面向市场，顺应多元化的消费需求趋势，准确定位新疆特色优势农产品，以优质、知名、高附加值的农产品开拓市场和占领市场，结合国内外市场需求，打造一批具有鲜明特色的优势品牌、特色品牌和知名品牌，不断扩大新疆特色农产品的知名度和影响力，把资源优势转化成产品优势，进而将产品优势转化成市场优势，提升新疆农产品市场竞争力。

1.2.5　有利于加快推进传统农业向现代农业转型

新疆因特殊的地形地貌特征以及多变的气候条件，自然灾害频发，加之农业生产基础薄弱，设施落后，农业生产条件脆弱，抗风险能力差。新疆发展特色农业，加强农业生产基础建设，将有利于实现农业生产由生产型向生产与经营并重转变，农产品生产基地建设由数量型向质量效益型转变，产业层次由农产品初级加工型向精深加工型转变。特色农业发展要实现区域化布局、产业化经营、集约化生产，增强抗风险能力。新疆发展特色农业，还能提高农民文化素质，提升农民科学种植、科学生产、科学储藏保鲜以及现代营销的能力，进而提高农业生产能力，提高农产品品质及商品化程度，实现特色农产品生产规模化、标准化和销售现代化，加快传统农业向现代农业转型。

1.2.6 有利于保护和改善生态环境，实现可持续发展

农业生产具有很强的资源依赖性，而资源开发利用不是无限的，过度开发、低水平重复利用都会造成资源浪费甚至枯竭。同时，农药化肥的过量使用、农膜残留、不合理的灌溉以及工业排污，都会引起农业生产环境破坏和资源浪费，将严重影响农业的持续发展。新疆处于干旱、半干旱气候带，土地沙漠化、盐碱化严重，生态环境非常脆弱。新疆又是一个农业大区，不科学的农业生产方式将会加速生态环境的恶化。而发展特色农业要求采用先进的生产技术，并以保护生态环境为前提，以农业资源的合理利用为基础，坚持无公害生产，减少资源破坏和浪费，追求生态效益与经济效益并重的农业发展模式。因此，发展特色农业将有助于保护和改善新疆生态环境，实现人口、资源、环境与经济的可持续发展。

2　新疆特色农业发展的基础分析

2.1　自然资源禀赋

2.1.1　光热资源充足

新疆属大陆性气候，以天山为界，南北疆气候差异明显。北疆属温带大陆性干旱、半干旱气候，南疆属温带大陆性干旱气候。冬季严寒且持续时间长，夏季炎热持续时间短。全区年平均气温 10.6℃，北疆年平均气温 8.8℃，南疆年平均气温 12.8℃，东疆年平均气温 13.5℃。全区一年内最热与最冷月平均气温差在 30℃以上。

新疆光热资源十分丰富，无论是太阳总辐射量还是日照时数，在全国都位居首位。全区太阳辐射总量 5 200～6 200MJ/m^2·年，年平均日照时数 2 600～3 400h，其中，吐哈盆地 1 900～2 100h，塔里木盆地 1 650～1 900h，准噶尔盆地和伊犁河谷 1 600～1 700h。南疆无霜期 180～220d，北疆 140～185d。日平均气温 ≥ 10℃ 的太阳辐射量，塔里木盆地和吐哈盆地 4 000～4 400MJ/m^2·年，准噶尔盆地和伊犁河谷 3 200～3 700MJ/m^2·年。

新疆充足的光热资源为发展棉花等特色农业提供了得天独厚的优势条件。全区≥10℃的有效积温在 3 000～4 000℃，其中，南疆达 4 000℃以上，吐鲁番盆地达 4 500～5 400℃，北疆从南到北为 3 600～2 500℃。棉花属于长日照植物，其自然生长需要充足的光照，适宜在较充足的光照条件下生长，棉花光补偿点和光饱和点均较高，而新疆丰富的热量资源条件，富足的太阳辐射和长日照时间，是棉花稳产、高产、优质的基础前提和重要保障。同时，新疆丰富的光热资源和较大的气温日较差，也为以番茄为主的红色产业及特色林果产业的发展奠定了自然基础。新疆大陆性气候明显，气温日较差大。平均日较差达 12～15℃，最大可达 20～30℃。南疆日较差 13～16℃，北疆日较差 12～15℃。加之气候干燥，空气湿度小，植物蒸腾旺盛，十分有利于农作物进行光合作用，有利于有机物质积累，作物单产水平高于全国很多地区，特别适合棉花、番茄、葡萄等经济作物的生长。番茄等红色作物黏稠度及红色素含量较高，质地优良，色泽鲜嫩，葡萄、哈密瓜、苹果、香梨、红枣等特色林果含糖量高，口感较好。

此外，新疆冬季严寒漫长，夏季炎热少雨，蒸发量大，昼夜温差大的特殊气候条件，不利于害虫的生存与繁殖。因此，特色农作物病虫害较轻，农药施用量较少，为新疆发展高产、优质、安全、无公害特色农业和农产品，开拓国际农产品市场，与国际农产品市场有机接轨提供了便利条件。

2.1.2 土地资源丰富

新疆地域辽阔，土地资源丰富，类型多样，人均占有量高。新疆土地资源总面积 166 489 $\times 10^3 hm^2$，人均宜用地面积约 $4hm^2$，是全国人均占有量最多的地区。丰富的土地资源以及多样性的土地类型，不仅为新疆发展粮食、棉花、红色作物、特色林果、设施农业、畜牧业等特色农业提供了足够数量规模的土地资源基础支持，促使新疆特色农业形成一定规模，实现规模经营和规模效益，也为新疆特色农业发展进行多项选择提供了便利条件，丰富了新疆特色农业结构调整的多样性和灵活性。

2008 年，新疆农用地面积 63 084.8×10^3hm^2，人均农用地 2.96hm^2，是全国人均农用地最多的地区。农用地中，耕地面积 4 124.6×10^3hm^2，占农用地总面积的 6.54%。耕地类型以水浇地为主，约 3 812.2×10^3hm^2，占耕地总量的 92.43%；旱地约 204.5×10^3hm^2，占 4.96%；灌溉水田 72.1×10^3hm^2，占 1.75%；菜地 35.6×10^3hm^2，占 0.86%；望天田 0.08×10^3hm^2，占比重极小。新疆人均耕地面积 0.19hm^2，位居全国第四位。新疆园地面积 364.2×10^3hm^2，占农用地总面积的 0.58%；林地面积6 764.8×10^3hm^2，占 10.72%；牧草地面积 51 113.8×10^3hm^2，占 81.02%；其他农用地面积 717.5×10^3hm^2，占 1.14%。新疆后备土地资源 16 140.8×10^3hm^2，占全国后备土地资源总量的 18.19%。新疆集中连片后备耕地资源 3 319.1×10^3hm^2，占全国后备耕地资源总量的 45.19%，其中，可开垦土地 3 317.3×10^3hm^2，占新疆后备耕地资源总量的 99.95%；可复垦土地 1.78×10^3hm^2，占新疆后备耕地资源总量的 0.05%。

2.1.3　水资源缺乏

新疆地处内陆盆地，远离海洋，水资源缺乏。新疆地表水资源 793×10^8m^3，地下水资源 85×10^8m^3，地表水径流量 884×10^8m^3，仅占全国径流量的 3%，暂不能利用的地表径流近 250×10^8m^3。而且，新疆的降水量远小于蒸发量，进一步加剧了水资源短缺。全区多年平均降水量仅 145mm，约为华北地区的 1/4，长江流域的 1/7，只有全国平均年降水量 630mm 的 23%。全区 50%以上地区年降水量在 100mm 以下，年降水量在 300mm 以上的地区仅占全区面积的 1/6，且都分布在山区，南疆年降水量甚至不足 100mm，是极端干旱区。新疆最长连续无降水的日数较长，尤其是南疆、东疆的平原地区，平均达到 150d 以上。其中，托克逊县、且末县、吐鲁番市更是分别达到了 350d、302d 和 299d。全区降水在地域分布上极不均匀，且径流年际变化较小，从整体上看，北部多于南部，西部多于东部。按平均径流深度计算，北疆为南疆的 2.7 倍，按实际能利用的水量计算，北疆比南疆多 1/4。新疆河流水量高度集中在夏季的 6～8 月份，水资源时空分布也不均衡，呈现出春旱、夏洪、秋缺、冬枯的特征。

新疆农业用水大部分来自河流、水库，现已建成的以灌排渠系为主、以社会化服务体系为支撑的新型绿洲灌溉农业体系，为农作物的优质、稳产、高产奠定了基础。新疆土地资源广袤，水资源相对不足，水资源严重短缺引发的干旱已成为影响农作物自然生长和制约特色农业发展的严重障碍，水土配置和水资源地域分布的不平衡，也为新疆特色农业结构调整和合理布局提出了新的严峻考验。新疆单位土地面积水资源拥有量为 $0.519\times10^3 m^3/hm^2$，远低于全国平均水平（$2.657\times10^3 m^3/hm^2$），位于全国第二十九位。南北疆水土配置分布不平衡，北疆土地面积占全区土地总面积的 27.7%，单位土地面积水资源拥有量是南疆的 2.6 倍。水资源短缺和水土配置不平衡，将成为新疆特色农业发展潜力提升的制约瓶颈，是新疆特色农业实现区域合理分工和布局、扩展特色农业经营规模、实现规模经济的主要障碍。

2.2 经济社会发展基础

近年来，新疆充分利用国家西部大开发给予的倾斜政策以及资金、人才、技术、制度等方面的支持，按照以工促农、以城带乡、城乡一体、工农互动的发展思路，以改革为动力，以市场为导向，以持续大幅提高人民收入为核心，以结构调整为主线，优化产业布局，科学规划、合理开发丰富的自然资源，加快实施优势资源转换战略，使资源优势尽快有效地转换成市场优势，不断开拓农民增收的新方向、新渠道，使新疆经济持续、快速发展，各项社会事业蓬勃发展，人民生活水平不断提高。

2.2.1 经济增长速度快

2009 年，新疆国民生产总值 4 277.05 亿元，折合 642 亿美元，连续 6 年保持两位数增长；人均生产总值 19 942 元，折合 2 994美元。其中，第一产业增加值 759.74 亿元，第二产业增加值 1 929.59 亿元，第三产业增加值 1 587.72 亿元，三次产业结构比重为 17.8∶45.1∶37.1。与全国相比，第一产业比重仍然偏高，农业发展水平还比较低，农业在全区国民经济发展的基础地位不可动摇。2009 年，新疆地方财政收入 493.07 亿元，地方财政一般预算收入 388.78 亿元，财政保障能力不断提高，全区涉农投资 196.78 亿元，为特色农业进一步发展壮大，合理调整特色农业产业结构和布局，加快特色农业加工转换及产业化进程，提供了强有力的资金支持，奠定了坚实的经济基础。

2.2.2 人民生活水平不断提高

2009年，新疆总人口为2 158.63万人。其中，城镇人口860.21万人，城镇人口占总人口的比重为39.85%，城镇化水平迅速提高，城镇居民人均可支配收入11 432元，城镇居民家庭恩格尔系数37.3%；农村人口1 298.42万人，农村人口占总人口的比重为60.15%，农村居民人均纯收入3 883元，农村居民家庭恩格尔系数41.6%。人口平均预期寿命，男性65.98岁，女性69.14岁。人民安居乐业，人民生活水平迅速提高，人均预期寿命不断提高。

随着收入水平的不断提高，城乡居民用于消费性的支出也随之增加。2009年新疆城乡居民平均消费性支出9 327.55元，比2008年的8 669.36元增加了658.19元。其中，用于食品的消费性支出由2008年的3 235.77元增加到2009年的3 386.33元。可以看出，随着生活水平的不断提高，人们对于提高生活质量、改善饮食结构的愿望十分迫切，进而对特色农产品的需求量会大幅增加，对特色农产品的种类会提出更多、更高的选择要求，反过来也会促进新疆特色农业加快发展步伐，不断调整和完善特色农业结构，增加特色农产品供给量，提高特色农产品质量，以满足城乡居民对特色农产品需求的不断增加。

2.2.3 基础设施不断完善

近年来，新疆交通基础设施日趋完善，已经形成由管道、公路、铁路、航空组成的立体交通运输网，邮电、通信已经形成从城市到农村，从空中到地下的电缆、短波、微波、卫星、互联网等多种手段的主体化、多功能通信传输体系和自动化为主的通信交换网，交通、通讯保障能力不断加强。2009 年，新疆各种运输方式完成货运量 60 162.80×10^4t，比 2008 年增长 5.20%，其中，铁路 6 413×10^4t，公路 46 787×10^4t，民航 3.80×10^4t，管道6 959×10^4t；完成邮电业务总额 479.65 亿元，其中，电信业务总额 466.30 亿元，邮政业务总额 11.35 亿元。

新疆日益完善的交通运输条件，为新疆特色农业生产物资供应和特色农产品开拓市场提供了便利条件和设施保障。2009 年，新疆农村交通运输、仓储和邮政业基础设施投资达到 20.08 亿元，信息传输、计算机和软件业投资达到 2.76 亿元。逐步完备的农村市场信息平台建设，对于改善农村市场条件、完善农村市场服务功能、联系新疆内外以及国际客户发挥了重要作用。

2.3 技术和人才支撑

2.3.1 科技经费支出明显增加

一直以来，各级政府十分重视新疆科技发展和科技人才培养，科技经费支出不断增加，重大科技成果不断涌现。同时，大量科技经费的投入在科研机构、院所和大专院校转化为发明专利和科技成果，为进一步在生产实践中转化为现实生产力提供了必要条件和基础，有力地推动了新疆特色农业发展和科技水平的提升。

2008 年，新疆共有科技人员 39 158 人，其中科研人员与工程师 22 419 人。科技经费筹集额 544 138 万元，其中政府资金

111 648 万元，占科技经费筹集总额的 20.52%；企业资金 384 510万元，占 70.66%；银行贷款 25 891 万元，占 4.76%。企业成为科技经费来源的主体。科技经费内部支出 495 669 万元，其中研究与实验发展经费支出 160 603 万元，研究与实验发展经费支出占新疆生产总值的 0.38%，研究与实验发展经费支出仍然偏低。申请专利 2 412 项，其中发明专利 482 项，专利批准数 1 493 项。2007 年，自治区级重大科技成果 220 项，其中，8 项获国家级奖励，118 项获自治区级奖励。

2.3.2 技术支撑体系不断完善

近年来，新疆特色农业发展领域引进了各项专业技术，并得到创新和发展，特色农业技术支持体系建设得到不断发展和完善，为新疆特色农业健康、高效发展提供了强有力的支撑。

新疆棉花种植大力倡导植棉全过程机械化，大力推广高产、优质、低成本、高密度等栽培技术，病虫害综合防治技术，测土配方施肥技术和机采棉技术，不断提高棉花的整齐度，提高棉花的综合品质。同时，根据各地区棉花病虫害的具体情况，建设棉花病虫害生物防治技术产品开发生产基地和棉花病虫害监测预报综合防治技术体系。乌鲁木齐市建设了棉田优势种天敌工厂化生产基地、生物制剂生产加工基地以及一个棉花质量检测中心和一个国家级种子质量监督检测中心，形成了以棉花新品种选育、区域性原种生产到大面积推广应用的完整的良种繁育、加工、检验、储备以及服务配套体系，为棉花生产者和经营者提供优质的产前、产中、产后的综合技术服务。

新疆林果业因地制宜推广矮化密植和矮化稀植技术，加快推广嫁接改造、套袋着色、储藏、保鲜等技术，提高果品产量、质量。从2006年起，利用3年时间完成了对100万户果农的技能培训任务。目前，林果主产区每个县（市）有1名高级林果技术人员，每千亩林果基地有1名中级技术人员，每百亩有1名初级技术人员，村村都有农民技术员，户户都有技术明白人。

新疆特色农业发展过程中涌现出的发展势头较为强劲的“红色产业”，其生产和加工技术已经逐步完善，跟进了国际先进技术水平步伐。特别是番茄加工转化和包装技术，除了已有的番茄酱加工技术水平得以进一步提高外，新疆实力强大的番茄加工企业已经开始引进和开发番茄粉、番茄红素以及番茄沙司等高端番茄加工技术，使新疆番茄产品走俏国际市场。

2.3.3　科技成果推广和转化能力较弱

近年来，新疆不断加强和完善特色农业技术推广体系，加快农业科技成果转化，积极推广农业先进实用技术，重点推广优质、特色农产品配套栽培技术和养殖技术，特色农产品精加工及综合利用技术，特色农产品贮藏、保鲜、包装技术，以节水灌溉为重点的降耗、增效技术和以生物措施为重点的生态环境建设技术，重点是生物技术、信息技术、工程技术，建成一批科技示范基地和科技示范园区。以“绿色证书工程”和“跨世纪青年农民科技培训工程”为建设重点，充分利用农业广播电视教育、“绿色证书工程”等多种形式，普及实用技术，全区农村平均每20户有1名获得“绿色证书”的农民。

但是，总体而言，新疆技术咨询机构少，科技成果转化率低，科技支撑能力较弱，农业技术人员特别是设施农业和林果业发展的技术人员严重匮乏，农民接受培训率较低，农民普遍缺乏科学种植技术和能力。而且，县、乡两级技术推广机构少，科技人员缺乏，综合技术服务能力较低。以防治有害生物、防范低温冻害、防御大风沙尘为主的灾害综合防控体系建设滞后，基础设施建设薄弱，防控技术不到位，抵御各种风险的能力不强。特色农业标准化示范基地较少，整体水平和综合效益仍有待提高。

2.3.4 农业科技人才短缺

特色农业人才队伍建设是维持和推动特色农业得以持续、高效、快速发展必不可少的重要前提和保障。新疆是一个农业大区，国家和地方政府十分重视农业科技人才的培养，不断强化科技支撑能力建设，引导科研院所围绕四大基地建设和构建高效特色现代农业产业体系，全面加强农业生产、加工、流通等关键领域技术创新，开展薄弱环节技术攻关和研究，加大农业科技储备，提升农业科技整体水平。但是，新疆农业领域缺少人才，尤其是高端精英型技术人才严重匮乏。2009 年，全区农业技术人员只有 30 126 人，仅占专业技术人员总数的 7.32%，且技术能力和水平较低，已经成为新疆特色农业快速发展的制约因素。因此，为了给新疆特色农业发展注入活力，提升特色农业发展动力，要不断强化农业科技人才队伍建设，加大学科带头人培养力度，注重发现、培养、引进从事农业科学研究与技术开发的高层次专业技术人才和管理人才。

2.4　政策支持

2.4.1　国家政策支持

国家出台支持西部特色农业发展的相应政策有：一是税收优惠，减征西部特色农产品加工企业的增值税和所得税，完善龙头企业收购农产品进项税抵免的操作办法；二是财政补助，对特色农产品加工企业的生产示范基地建设、良种繁育体系建设、技术引进或改造等，国家每年安排资金给予一定补助；三是金融支持，在农业银行设立专项，为西部地区中小龙头企业发放专项贷款，国家财政给予贴息。特色农业的发展离不开特色农产品加工企业的发展，特色农产品加工企业是保证农产品走向市场、实现经济效益的重要一环。上述支持西部特色农产品加工企业的政策，有利于企业减轻负担、扩展经营规模、实现经济效益增值，进而激活了农产品加工企业的发展动力，推动特色农业健康、快速发展。

2.4.2　新疆维吾尔自治区政策支持

21 世纪以来，新疆农业投入保障制度不断健全，农业补贴制度和农产品价格保护制度不断完善，特色农业发展有了良好的经济基础和融资环境，降低了市场风险，农村特色农产品市场基础设施建设、信息服务平台建设不断得以完善，特色农产品开拓市场能力不断加强。

为贯彻落实国家农业政策，2008 年新疆维吾尔自治区党委、政府出台了《关于进一步推进农村改革发展的意见》，要求强化和落实农业支持保护政策，进一步健全农业投入保障机制，调整财政支出、固定资产投资、信贷投放结构，不断扩大对农业农村的投入规模，坚持落实好每年自治区财政支农投入增量要占到年度地方新增财力的15%以上、政府土地出让收益每年用于支持农村发展的比重要占到50%以上的政策规定，耕地占用税收入的50%要用于农业。此外，自治区政府贯彻落实《中共中央关于推进农村改革发展若干重大问题的决定》，健全农业补贴制度，扩大范围，提高标准，完善办法，特别要支持增粮增收，逐年较大幅度增加农民种粮补贴。健全农产品价格保护制度，完善农产品市场调控体系，稳步提高粮食最低收购价，改善其他主要农产品价格保护办法，充实主要农产品储备，保持农产品价格合理水平。

同时，随着国家对“三农”工作越来越重视，自治区党委和政府把农业作为新疆经济建设的基础来抓，坚持实施以市场为导向的优势资源转换战略。2005年以前，初步确立了粮食、棉花、特色林果业、畜牧业四大基地建设思路。2005—2009年，在巩固和提升四大基地建设能力的基础上，努力拓展现代农业发展的空间和领域，全面部署发展设施农业，支持做大做强区域性特色农业，逐步形成了粮食、棉花、特色林果业、畜牧业、设施农业和区域特色农业六大优势产业。2009年以来，大力推进现代农业发展，加快构建现代农业产业体系。四大基地和六大优势产业的特色农业产业体系框架构建，符合新疆特色农业发展的实际需要，也是新疆农业发展的核心。

3　新疆特色农业发展现状及趋势

3.1　新疆特色农业及主要特色农产品

新疆地域广阔，南北跨度大，区内气候差异显著，光照时间长，生物物种资源丰富，为发展区域特色农业提供了得天独厚的基础条件。同时，雨热同期的气候条件非常有利于植物的光合作用，利于养分积累，使得新疆一些特色农产品着色浓、颜色艳、品质好，为特色农业提供了良好的发展条件。

吐鲁番葡萄、哈密瓜、库尔勒香梨、库车杏、皮山石榴等特色瓜果在国内外享有盛誉，哈密大枣为新疆八大农业名牌产品之一，新疆核桃以果大、壳薄和品质优良而闻名全国，石榴粒鲜红透明、酸甜适口、营养丰富，巴旦杏是当今国际上名贵干果，营养价值很高。

近年来，新疆农业结构不断调整和优化，农业结构布局趋于合理，已建成棉花、粮食、林果和畜牧四大基地，棉花、加工番茄播种面积和产量均居全国第一，逐步形成棉花、鲜干水果、肉、禽、蛋等生产基地，并且在确保粮食安全的前提下，自治区进一步增强了甜菜、蔬菜、设施农业种植，产业结构进一步优化，形成了棉花、粮食、林果、畜牧、特色经济作物、设施农业六大产业。此外，新疆还根据地域特色资源以及市场需求，大力发展区域优势明显的酿酒葡萄、啤酒花、枸杞、红花、制酱番茄、红辣椒、油葵、亚麻等特色农产品，其产量分别占全国的16.7％、70％、50％、60％、90％、55％、30％、20％以上，新疆在打瓜、小茴香、马铃薯、芳香植物、大芸、沙生麻黄、甘草等农产品方面逐步成为全国重要的生产基地。特色水产养殖和特色畜禽养殖发展迅速，水产品产量连续多年稳居西北部地区首位。

结合新疆特有优势农业生产资源、现有的农业产业发展状况以及农业结构调整和发展战略，本研究将新疆特色农产品范围界定为特色大宗农产品、特色林果产品、特色红色产品、特色经济小作物、特色中药材、特色畜产品和特色水产品六大类。

特色大宗农产品主要包括粮食、棉花、甜菜、油葵等。其中，优质棉又分为中绒陆地棉、中长绒陆地棉、长绒棉和彩色棉。

特色林果①产品主要有哈密瓜、香梨、杏、核桃、葡萄、红枣、巴旦木等。

特色红色产品包括番茄、红花、胡萝卜、枸杞和红辣椒等。

特色经济小作物有啤酒花、亚麻、打瓜、花芸豆、鹰嘴豆、茴香、大豆、豌豆、烟和罗布麻等。

特色中药材主要有麻黄、甘草、大芸、肉苁蓉、贝母、鹿肉、雪莲。

特色畜产品主要有羊（细羊毛、羊绒）、乳制品。

特色水产品主要有池沼公鱼、高白鲑、梭鲈、白斑狗鱼、贝

---

① 按国际和我国商品分类统一编码，把林果及西（甜）瓜统称为“鲜干水果”，属“08”类商品，包括鲜水果、鲜西（甜、木）瓜、干（坚）果。本研究“特色林果”包括哈密瓜、鲜水果和干（坚）果。

加尔雅罗鱼、河鲈。

3.2　新疆农业发展总体状况

3.2.1　农业产值及变动

改革开放以来，新疆农业得到不断发展，农业总产值一直保持较快的增长速度。1978 年新疆农业总产值仅为 13.97 亿元，2009 年达到 759.74 亿元，是 1978 年的 54 倍，平均年增长速度 13.76%；同期，全国农业总产值增长 34 倍，平均年增长速度 12.08%，新疆农业平均年增长速度快于全国平均年增长速度。

新疆农业发展呈阶段性快速增长变化趋势，农业总产值基本上 5 年翻一番，年均增长速度在不断加快。1978—1985 年，新疆农业总产值从 13.97 亿元增长到 42.89 亿元，增加 28.92 亿元，年均增长 17.4%；1986—1990 年，农业总产值从 46 亿元增长到 104.09 亿元，增加 58.09 亿元，年均增长 17.7%；1991—1995 年，农业总产值从 111.86 亿元增长到 240.71 亿元，增加 128.85 亿元，年均增长 16.6%；1996—2002 年，农业总产值从 249.31 亿元增长到 305 亿元，增加 55.69 亿元，年均增长 4%；2002—2005 年，农业总产值从 249.31 亿元增长到 454.31 亿元，增加 205 亿元，年均增长 18.7%；从 2006 年到 2009 年，仅 3 年时间，农业总产值增加 231.94 亿元，年均增长 12.92%。

随着新疆经济的发展，农业产值在国民经济中的比重也逐渐降低。新疆第一产业产值占 GDP 比重由 1978 年的 35.8%下降到 2009 年的 17.8%，下降了 19.4%，同期全国第一产业产值比重则由 28.2%下降到 10.35%。

从图 3－1 可以看出，新疆 1978—2009 年第一产业产值占 GDP 比重的变化与全国趋势相同，呈波动下降的趋势，但新疆第一产业产值比重始终高于全国平均水平。一方面说明新疆经济发展水平低于全国，处于我国西部欠发达地区，国民经济对农业的依存度相对较高；另一方面也说明新疆仍然是一个农业大区，农业在国民经济发展中还占有较大比重，农业结构调整和优化的任务还很艰巨。

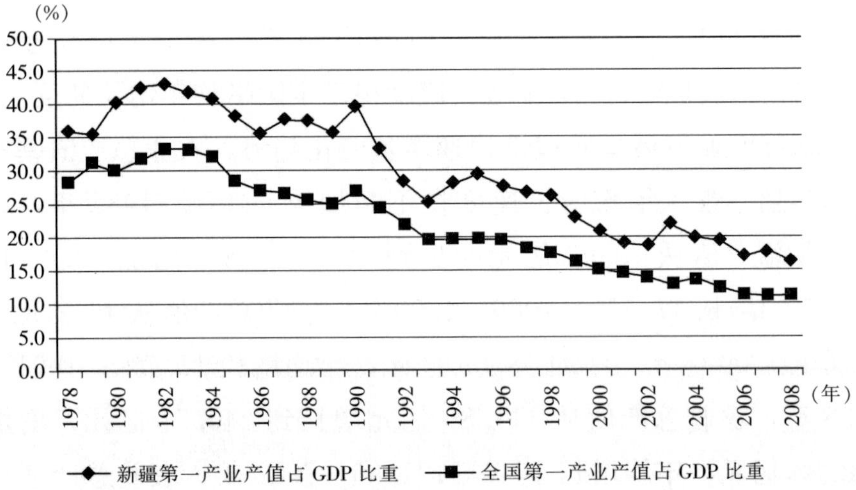

图 3－1 全国及新疆第一产业产值占 GDP 比重的变化趋势

3.2.2 农民收入及变动

改革开放以来，新疆农牧民收入增长较快，但低于全国平均水平，而且差距越来越大。1978—2009 年的 32 年间，新疆农村居民家庭纯收入年均增长 11.9%，低于全国 12.5%的水平。期间，新疆农村居民家庭人均纯收入增长了 32 倍，而全国农村居民家庭人均纯收入增长了37倍。

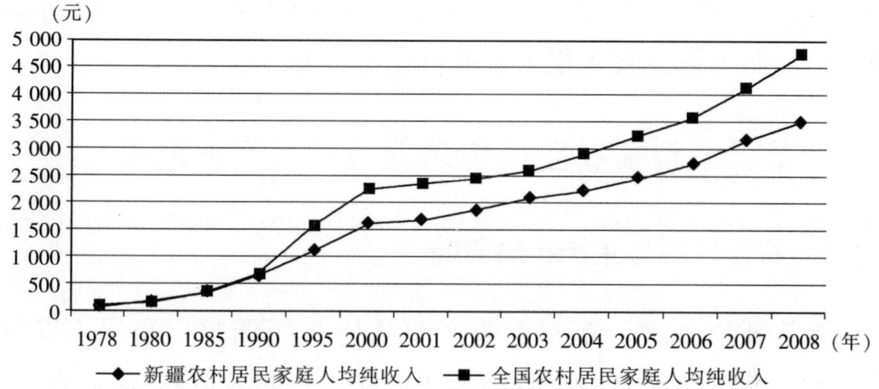

图3-2 全国及新疆农村居民家庭人均纯收入及变动

从图3-2可以看出，1978—1990年，新疆农村居民家庭人均纯收入大致与全国水平不相上下，但从1990年以后，新疆农村居民家庭人均纯收入明显低于全国平均水平，差距不断拉大，呈阶段性增长及变动。1978年，新疆农村居民家庭人均纯收入119元，同期全国平均水平为133.6元。1990年，新疆农村居民家庭人均纯收入684元，与全国平均水平大致相当，12年间新疆农村居民家庭人均纯收入年均增长17.2%，高于全国2.6个百分点。2000年，新疆农村居民家庭人均纯收入达1 618元，同期全国为2 253.4元。1990—2000年的11年间，新疆农村居民家庭人均纯收入年均增长9%，低于全国12.6%的水平。2005年，新疆农村居民家庭人均纯收入达2 482元，2009年达3 883元，2000—2009年，新疆农村居民家庭人均纯收入年均增长10%，高于全国0.6个百分点。

从农村居民家庭人均纯收入构成来看，新疆农牧民家庭收入构成单一，主要依靠农业家庭经营性收入，而且以种植业收入为主。2009年，新疆农村居民家庭人均总收入中，农业家庭经营性收入占总收入的88.65%，其中，种植业收入占总收入的60.8%，而工资性收入很少，所占比重只有6%左右。

3.3 新疆农业结构调整与重点产业发展

3.3.1 农业战略与生产布局调整

改革开放以来，新疆农业产业结构几经调整，布局不断优化，重点产业也在不断调整中逐步形成。新疆农业格局调整的过程大致分为四个阶段。

第一阶段（1978—1989年）：新疆农业重点产业由以粮为主向畜、果、棉为重点转变。该阶段新疆农业发展战略为：农业为基础，粮食生产为中心，争取全面发展。1983年之前，农业发展的重点是粮食生产。1985年，自治区编制了《新疆种植业区域规划》，提出安排四种基地，即粮食基地、棉花基地、糖料基地、瓜果基地。粮食基地主要包括伊犁、塔城、昌吉、阿克苏等地的重点产粮县；棉花基地包括以喀什为中心的南疆棉区，吐鲁番、鄯善东疆棉区，玛纳斯河流域北疆棉区；糖料基地主要集中于石河子、呼图壁、霍城、焉耆、阿克苏、额敏、新源、和静等县；瓜果基地的商品瓜主产区为鄯善、吐鲁番、哈密、昌吉、石河子、乌鲁木齐，葡萄主产区为吐鲁番、鄯善、和田、喀什和昌吉等地。

第二阶段（1990—1998年）：新疆农业产业结构调整的方向是通过经济分区，实现农业布局调整，即发挥比较优势，按照经济区的划分形成各具特色的农业产业基地。在此期间，自治区"八五"规划纲要提出了"一黑一白"战略，即石油产业和棉花产业。该阶段新疆农业重点发展棉花产业，此外，还有粮食、油料、糖料、畜牧业、瓜果和桑蚕等特色农业。

这一阶段，新疆农业产业结构调整形成以下布局：北疆中部经济区，包括乌鲁木齐、昌吉、石河子、沙湾，成为全区经济依托区；北疆北部经济区，包括克拉玛依、伊犁（除沙湾县）和博尔塔拉，建立农业综合开发区和农牧业（粮、棉、油、糖、畜）生产基地；南疆东北部经济区，包括阿克苏和巴音郭楞北部，发展棉花、糖料、瓜果等经济作物；南疆西南部经济区，包括喀什、克孜勒苏、和田，建设棉花、瓜果和桑蚕生产基地；东疆经济区，包括吐鲁番、哈密，建设长绒棉、葡萄、瓜果生产基地。新疆在“九五”规划中做了调整，“天山北坡区”经济区划产生，主要包括乌鲁木齐、昌吉、奎屯、克拉玛依，该地区重点发展乡镇企业，发展农区和城郊畜牧业。原来的北疆北部经济区变成了北疆西北部经济区，包括博尔塔拉、伊犁、塔城、阿勒泰 4 个地区和自治州，依然以建立农业综合开发区和农牧业基地为重点。

第三阶段（1999—2008 年）：新疆农业战略调整的重点是发展最具优势和最具特色的农业。自治区制定了“突出重点，扶优扶强，优先发展最有优势的地区和最具特色的产品产业”的新战略，同时，提出了新疆发展现代化农业四大基地（即粮食基地、棉花基地、林果基地、畜牧业基地）建设的总体要求。

这一阶段，新疆农业发展在四大基地建设的基础上，又增加了设施农业、区域特色农业，逐步形成了六大特色农业产业。新疆农业区域结构调整基本形成如下格局：一是天山北坡经济带，该区域东起乌鲁木齐，西至乌苏，在全区经济中居于核心位置。这一区域的番茄酱、啤酒、葡萄酒、胡萝卜汁等农产品已成为全国知名产品，主要是通过扶持企业做大做强，带动特色农产品优质化、规模化和精深加工，发展特色农业。二是粮食主产区，分布在全区的 44 个粮食主产县。按照食用粮、专用粮、饲用粮、特色粮的专业化格局发展，食用粮以南疆为主，专用粮以北疆为主，特色粮发展以豆类、大麦为主。三是棉花生产基地，棉花生产继续保持全国领先地位，发展优质高产棉区、压缩中低产棉区、坚决退出非宜棉区，棉花向阿克苏、喀什两地集中，重点开发建设南疆优质陆地棉区、长绒棉区，稳步发展北疆优质陆地棉区。四是畜牧业基地，主要包括羊、牛等生产基地。新疆细毛羊基地集中在伊犁、塔城、博乐等地，肉羊基地分布在阿勒泰与和静，羔皮羊基地以阿克苏地区为主。乳肉兼用的新疆褐牛集中在伊犁、塔城、阿勒泰、博乐、和静，奶牛基地主要集中在大城市、工矿区和旅游区。五是林果基地，主要集中在南疆林果主产区和吐哈盆地、伊犁河谷、天山北坡。新疆已经成为全国重要的林果产品生产基地和林果业大区，形成了南疆塔里木盆地以红枣、核桃、巴旦杏、杏、香梨、苹果为主栽树种的特色林果主产区，东疆吐哈盆地以鲜食葡萄、红枣为主的优质特色林果基地，北疆伊犁河谷和天山北坡以鲜食和酿酒葡萄、枸杞、小浆果、时令水果为主的特色鲜明的林果基地。六是逐步形成一批特色农产品生产带，主要包括昌吉、呼图壁、玛纳斯、沙湾、乌苏等天山北坡的番茄及其制品生产加工产业带，塔城、昌吉红花生产加工带，博尔塔拉、阿勒泰枸杞生产带，昌吉、巴音郭楞、塔城的啤酒花生产及加工基地，巴音郭楞、和田、阿克苏、昌吉的甘草、麻黄、罗布麻药材生产基地。

第四阶段（2009 年至今）：新疆以粮、棉、果、畜四大基地建设为基本框架的优势农产品产业带基本形成，设施农业、区域特色农业产业发展方兴未艾，区域化布局、专业化分工、产业化经营的“六大产业体系”建设趋势正在显现。林果面积超过113.3万 hm^2，设施农业面积达到7.26万 hm^2，特色农作物播种面积800万 hm^2。新疆棉花产量占到全国的40%左右，加工番茄、啤酒花、红花、枸杞、甜菜、油葵、亚麻和酿酒葡萄等农产品产量分别占全国的90%、70%、60%、50%、30%、20%、20%和16%以上，牛肉、羊肉、牛奶产量分别位居全国第五位、第二位、第六位，水产品产量连续多年稳居西北地区首位。

自治区党委、政府明确提出，在稳步提升基地建设能力的同时，要加快提升市场开拓能力、加工转化能力和科技支撑能力建设，加速现代农业发展步伐。自治区党委、政府还明确要求，各地各部门要加快建立农产品国内外市场开拓体系，加强农产品外销平台建设，要整合资源，突出特色，以办好北京、上海、广州三大特色农产品展会为突破口，在三大中心城市搭建长期外销平台，并借助中心城市的影响力，辐射华北、东北、华东、华南地区，辐射全国中、高端市场。在加快国外农产品市场开拓方面，自治区党委、政府提出，要以通过举办多种类型、多种形式的农产品展示和交易会为引领，充分发挥独特的地缘、区位优势和特色农产品资源优势，以瓜果、蔬菜、畜禽、花卉产品和其他特色农产品出口为突破口，主攻中亚、俄罗斯市场，积极开拓国际高端市场，逐步把新疆建设成为我国西北地区农产品向西出口的中转集散地、加工基地和区域性国际农产品贸易中心。新疆现代农业发展已经进入市场开拓为重点的新阶段。各级各部门积极贯彻落实自治区党委、政府的安排部署，将加快农产品市场开拓作为促进现代农业发展的重要措施，以基地建设为基础，以会展经济为依托，以品牌建设为重点，积极拓展国内外市场空间，市场开拓取得显著成效。

3.3.2 六大产业发展状况

（1）棉花。新疆已成为中国和世界最大的手摘细绒棉及中国唯一的长绒棉生长区，棉花产量占全国的40%、占世界的8%，棉花交易量占全国商品棉交易量的60%和出口贸易量的100%。新疆棉花种植面积、总产量、单产、国内销售量、出口贸易量连续15年居全国首位。棉花产业已经成为新疆农村经济发展中重要的支柱产业。

根据新疆区域内自然生态环境、生产条件、宜棉程度等条件的差异，棉花种植产业带分为南疆、北疆和东疆三大棉区。南疆主要为生产优质陆地棉、长绒棉区，北疆和东疆主要为生产优质陆地棉区。南疆优质陆地棉区位于天山以南、塔里木盆地周围，包括喀什、阿克苏、巴音郭楞等地的19个市（县）；阿克苏、巴音郭楞的4个县适宜种植中熟陆地棉和早熟长绒棉，是新疆棉花生产与发展的重要产区，也是全国长绒棉生产基地。北疆棉区位于天山以北、准噶尔盆地西南缘，包括博尔塔拉、塔城、伊犁、昌吉、克拉玛依等地适宜种植棉花的产棉市（县），是我国最北部适宜种植早熟陆地棉的棉花产区。东疆棉区位于天山东南部的吐哈盆地，包括吐鲁番、哈密两地区的植棉市（县），是新疆热量条件最好的地区，靠井水灌溉，是适宜种植中、晚熟陆地棉和早、中熟长绒棉的棉花产区。

2009年，新疆棉花播种面积1 409.31×10^3hm^2，产量

252.4×10^4 t。新疆地方棉花播种面积 876.34 ×10^3 hm^2，总产量 151.93×10^4 t，其中长绒棉播种面积 68.72×10^3 hm^2，占棉花总播种面积的 7.84%，长绒棉产量 8.36×10^4 t。天山北坡经济区棉花播种面积 220×10^3 hm^2，产量 36.8×10^4 t，占棉花总产量的 21.6%，其中长绒棉产量 8.8 × 10^4 t，占长绒棉总产量的 51.8%，是新疆长绒棉的主产区；北疆北部棉区的棉花播种面积 75× 10^3 hm^2，产量相对较少，仅为 12.6 × 10^4 t，占总产量的 7.4%；东疆棉花播种面积42×10^3 hm^2，产量最少，只有 5.9× 10^4 t，占总产量的 3.5%；南疆东北部棉花播种面积 445 × 10^3 hm^2，产量 72.1×10^4 t，占总产量的 42.4%，是新疆最重要的产棉区，长绒棉产量 6.1×10^4 t，占新疆长绒棉总产量的 36%以上；南疆西南部棉花播种面积 248 × 10^3 hm^2，产量 42.8 × 10^4 t，占总产量的 25.1%。

（2）粮食。新疆是我国粮食生产的适宜区域之一。新疆主要粮食作物以小麦和玉米为主，并具有单产上的比较优势，但规模比较优势呈下降趋势。粮食生产重点发展优质专用小麦，主要生产区域在北疆的昌吉、伊犁、塔城、阿勒泰、博尔塔拉和南疆的阿克苏、巴音郭楞等地。同时，根据新疆各地气候、地理特点及比较优势，按照食用粮、专用粮、饲用粮、特色粮的专业化格局生产。食用粮以南疆 5 个地区和自治州为主，专用粮以北疆 5 个地区和自治州及巴音郭楞焉耆盆地 4 个县为重点。特色粮食作物以豆类、大麦为主，形成了具有新疆特色的豆类生产带，如哈巴河、伊宁等地的花芸豆生产带，木垒、青河等地的豌豆生产带，阿克苏的鹰嘴豆生产带。

2009 年，新疆粮食作物播种面积 1 993.5×10^3 hm^2，其中新

疆地方粮食作物播种面积 1 798.65×10^3hm^2。天山北坡经济区粮食作物播种面积 251×10^3hm^2，产量 145×10^4t，占粮食总产量的 16.8%；北疆北部播种面积 1 107×10^3hm^2，产量 231.1×10^4t，占总产量的 26.7%；东疆播种面积 24×10^3hm^2，产量 10.3×10^4t，占总产量的 1.2%；南疆东北部播种面积 203×10^3hm^2，产量 140.2×10^4t，占总产量的 16.2%；南疆西南部播种面积 516×10^3hm^2，产量 33.8×10^4t，占总产量的 39.1%，是新疆粮食生产的重要区域，在五大经济区中产量最大。

（3）特色林果。特色林果业是新疆特色农业重要的组成部分之一。由于新疆独特的自然条件，新疆林果产品的品质明显优于全国其他地区。新疆拥有只适宜在新疆或少数干旱地区栽培的林果产品，如巴旦杏、开心果、库尔勒香梨、石榴等，也拥有很多具有一定规模的名、优、特色产品，如葡萄、大枣、核桃等。近年来，新疆重点培植了红枣、杏、核桃、香梨、葡萄、苹果、巴旦木、石榴、枸杞、开心果、酸梅、小浆果等 12 个市场竞争力强的品种。在林果主产区的一些县、乡，林果收入已占到农民人均纯收入的 30%～40%。

2009 年，新疆林果种植总面积 710.08×10^3hm^2，总产量 462.06×10^4t。按区域分，天山北坡经济区林果种植面积 14×10^3hm^2，产量 13.5×10^4t；北疆北部林果种植面积 20×10^3hm^2，产量 107×10^4t；东疆种植面积 52×10^3hm^2，产量 84.9×10^4t；南疆东北部种植面积 221×10^3hm^2，产量 109.9×10^4t；南疆西南部种植面积 307×10^3hm^2，产量 161.1×10^4t。目前，特色林果三大基地建设初具规模，环塔里木盆地林果种植面积约占总种植面积的 80%，已形成以红枣、核桃、杏、香梨、石榴、苹果、巴旦杏为主的林果生产带；吐哈盆地以葡萄、哈密大枣为主；伊犁河谷和天山北坡以苹果、葡萄及小浆果为主。

按主要品种分，2009 年新疆香梨种植面积 $51.93\times10^3hm^2$，产量 57.61×10^4t；红枣种植面积 $225.48\times10^3hm^2$，产量 19.10×10^4t；苹果种植面积 $40.9\times10^3hm^2$，产量 32.99×10^4t；石榴种植面积 $13.48\times10^3hm^2$，产量 6.13×10^4t；葡萄种植面积 $86.43\times10^3hm^2$，产量 155.54×10^4t，其中鲜食葡萄种植面积 $76.4\times10^3hm^2$，产量 138.75×10^4t，酿酒葡萄种植面积 $14.3\times10^3hm^2$，产量 2.5×10^4t。

新疆是世界上最适宜葡萄种植的区域之一。葡萄分为鲜食、制干、酿酒 3 个品种类型。其中，鲜食葡萄种植主要集中在塔里木盆地西南缘的阿图什，吐鲁番盆地的鄯善、吐鲁番、托克逊，伊犁盆地的霍城、伊宁、昌吉 3 个区域；制干葡萄生产区域主要是吐哈盆地；酿酒葡萄生产区域主要在北疆准噶尔盆地南缘区和南疆焉耆盆地。

新疆的其他特色林果产品，如石榴、红枣、香梨、杏等也形成了产业带。石榴是新疆的特色果品之一，石榴生产区域主要在塔里木盆地北缘、西缘和南缘，包括南疆 3 个地区和自治州的 11 个市（县）。红枣主要分布在哈密、巴音郭楞、阿克苏、喀什，这 4 个地区和自治州红枣种植面积占红枣总面积的 93.7%。香梨主要分布在巴音郭楞、阿克苏、喀什，其种植面积占香梨总面积的 98.1%。杏的主要产地在南疆的巴音郭楞、阿克苏、和田、喀什以及哈密、昌吉、伊犁、博尔塔拉等地，其中喀什地区杏种植面积占杏总种植面积的 50%左右，南疆地区杏种植面积占到全区杏总面积的 87.5%。

（4）畜牧业。新疆地域辽阔，属温带大陆性干旱气候，草原面积约 57 333×10^3 hm^2，其中可利用草场面积 48 006.8×10^3 hm^2，占全国可利用草场面积的 24%，这为新疆畜牧业发展提供了重要的基础条件。畜牧业也是新疆农业发展的主导产业之一。

新疆是全国五大牧区之一，在生产肉羊、肉牛、奶牛等畜产品方面具有一定的优势。从不同牲畜的饲养布局上看，牛在北疆北部地区饲养的最多，其存栏头数占全部存栏头数的 43.3%，其次为南疆西南部地区。生猪养殖布局为天山北坡的养殖数量最多，占总存栏头数的 41.6%，其次为北疆北部地区，总体来说，生猪的养殖主要是在北疆地区。羊的养殖布局为南疆西南部养殖数量最多，占总存栏数量的 33.9%，其次为北疆北部。

2009 年，新疆牲畜存栏 4 255.63 万头，出栏 3 135.72 万头，肉类总产量 115.31×10^4 t，绵羊毛产量 7.16×10^4 t，牛奶产量 120.88×10^4 t，实现畜牧业总产值 318.37 亿元。

2009 年，新疆天山北坡牲畜头数 572.9 万头，产肉量 45.8×10^4 t；北疆北部牲畜头数 1 280.9 万头，产肉量 39.1×10^4 t；东疆牲畜头数 219.7 万头，产肉量 8.3×10^4 t；南疆东北部牲畜头数 742.3 万头，产肉量 20.8×10^4 t；南疆西南部牲畜头数 1 395.1 万头，产肉量 49.6×10^4 t。其中，南疆西南部经济带牲畜年终存栏量最多，东疆产肉量最多。

（5）设施农业。2009 年，新疆设施蔬菜有西红柿、菜椒、黄瓜等。其中，西红柿种植面积和产量分别为 9.2×10^3 hm^2 和 48.39×10^4 t，黄瓜（含水果黄瓜）种植面积和产量分别为 4×10^3 hm^2 和 20.31×10^4 t，菜椒种植面积和产量分别为 4.2×10^3 hm^2 和 16.68×10^4 t。

目前，新疆设施农业发展也不平衡，伊犁河谷设施蔬菜产量最大，占全区设施蔬菜总产量的24.7%，种植面积占总面积的19.5%；喀什地区设施蔬菜产量占全区总产量的23.7%，种植面积占总面积的20.2%；阿克苏与和田地区所占比重也较大；产量较少的是哈密地区。

近年来，新疆设施农业虽然发展很快，但在发展中还存在很多问题。一是总体规模还很小，2009年新疆设施蔬菜仅占蔬菜总种植面积的5%左右，自治区内冬季70%以上的新鲜蔬菜仍需从内地市场输入。二是设施蔬菜品种单一，以番茄、辣椒、黄瓜为主。新疆设施蔬菜品种少，西红柿、黄瓜、菜椒3种蔬菜产量占设施蔬菜总产量的76.52%。三是区域内部发展不平衡，差异明显。四是设施农业发展整体水平较低，现代化温室装备少。2009年，新疆大棚蔬菜种植面积占设施蔬菜总种植面积的45%以上。五是设施农业生产技术落后，技术人才短缺，尤其是农民科技意识淡薄，不能掌握先进的生产和管理技术。

（6）区域特色农业。新疆特色农作物主要有加工番茄、西甜瓜、加工辣椒、打瓜、孜然、食用菌、鹰嘴豆、红花、枸杞、啤酒大麦、啤酒花、胡麻、药材（甘草、麻黄、大芸）、芳香作物（椒样薄荷、留兰香、薰衣草）、花芸豆等。

2009年，新疆地方特色农作物种植面积$466.7\times10^3hm^2$以上，总产量$1\ 000\times10^4t$以上。其中，加工番茄种植面积$65\times10^3hm^2$，产量435×10^4t；西甜瓜种植面积$116\times10^3hm^2$，产量400×10^4t；加工辣椒种植面积$26.4\times10^3hm^2$，产量80×10^4t；打瓜种植面积$88.5\times10^3hm^2$，打瓜籽产量9.42×10^4t；食用菌种植面积$0.7\times10^3hm^2$，产量2.13×10^4t；鹰嘴豆种植面积

$13.3\times10^3hm^2$，产量 3×10^4t；红花种植面积 $17.9\times10^3hm^2$，产量 1.5×10^4t；枸杞种植面积 $9.5\times10^3hm^2$，产量 1.8×10^4t；花芸豆种植面积 $3.8\times10^3hm^2$，产量 1.2×10^4t；胡麻种植面积 $20.8\times10^3hm^2$，产量 3.2×10^4t；啤酒花种植面积 $5.2\times10^3hm^2$，产量 2×10^4t；啤酒大麦种植面积 $31.7\times10^3hm^2$，产量 14.3×10^4t。

新疆是全球最适宜番茄生长的地区之一。生产加工番茄的区域主要在北疆准噶尔盆地南缘、准噶尔盆地南缘东部、南疆焉耆盆地。目前，新疆已成为我国番茄生产和加工规模最大、出口最多的地区，番茄制品以番茄酱为主，主要出口日本、东南亚、中东、韩国、澳大利亚、加拿大、南非及部分欧洲国家和地区，出口量占世界番茄酱贸易总量的 1/4，在国际番茄酱贸易中占有举足轻重的地位。

哈密瓜是新疆传统的名优产品。新疆哈密瓜分为早、中、晚熟 3 个产区。其中，早熟哈密瓜产区主要在东疆吐鲁番，中熟哈密瓜产区主要在哈密、北疆准噶尔盆地南缘，晚熟哈密瓜产区主要在哈密、阿勒泰、喀什。

新疆是全国最大的甜菜糖料基地。甜菜主要分布在伊犁、昌吉、塔城，以上 3 个地区甜菜产量占总产量的近 90%。

红花主要分布在塔城和昌吉东部地区，其中又以塔额盆地最为著名。塔额盆地的红花产量占新疆的 80%、占全国的 60%。

新疆是枸杞的四大产区之一，这里生产的枸杞具有色泽红润、颗粒饱满、肉厚皮薄、甘甜味美、品质极佳、营养丰富等特点。新疆枸杞主要分布在博尔塔拉的精河县一带，精河县被誉为“枸杞之乡”。

3.4 新疆特色农业发展评价

3.4.1 特色农产品专门化系数

专门化系数是用来表示农产品商品生产能力的指标，反映某地区某种农产品在生产方面具有优势的大小，计算公式：

专门化系数=某产品区域内人均占有量/该产品上一级区域人均占有量

如果某产品专门化系数大于1，则说明该地区该种农产品的商品生产能力较强，而且专门化系数越大，说明该种农产品在该地区生产越具有优势。反之，如果小于1，则说明该种农产品在该地区不具有优势。

本研究分别从新疆主要特色农产品在全国层面上的专门化系数、新疆区域内各地区和自治州相对于全区的主要特色农产品专门化系数、新疆各地区和自治州特色林果专门化系数等3个层次进行分别测算分析。

（1）新疆主要特色农产品专门化系数。这里用新疆特色农产品人均占有量与全国人均占有量的比值，来反映新疆特色农产品与全国平均水平相比在生产方面具有的优势。

从表3-1可以看出，与全国平均水平相比，新疆特色农业发展在棉花、甜菜等特色经济作物生产上，具有非常明显的优势，专门化系数在25以上。其次为特色林果产品，其中葡萄、梨、核桃具有较强的优势，专门化系数分别为6.04、3.19和6.06。新疆畜产品中的牛肉、羊肉和牛奶也均具有较大优势，专门化系数分别为3.3、7.53和2.41。新疆在粮食作物小麦、玉米的生产上也具有一定优势，专门化系数分别为2.19和1.56。

表3-1 新疆特色农产品专门化系数

农产品	新疆人均占有量（kg/人）	全国人均占有量（kg/人）	专门化系数
小麦	185.7	84.7	2.19
玉米	195.4	124.9	1.56
棉花	141.5	5.6	25.09
油葵	20.2	—	—
甜菜	206	7.6	27.23
葡萄	32.5	5.39	6.04
梨	32.5	10.2	3.19
杏	2.88	5.4	0.53
核桃	3.78	0.62	6.06
牛肉	15.2	4.62	3.3
羊肉	21.57	2.86	7.53
牛奶	64.46	26.78	2.41

资料来源：《新疆统计年鉴》、《中国统计年鉴》

（2）新疆各地区和自治州特色农产品专门化系数。为了分析新疆区域内部各地特色农产品优势程度及差异，进一步明确、量化和反映新疆主要特色农产品的区域布局、专门化生产和集中程度，本研究用新疆各地区和自治州特色农产品人均占有量与新疆人均占有量的比值，来说明新疆各地区和自治州特色农产品专门化程度。

新疆粮食生产中的小麦生产优势区域主要在南疆的阿克苏、喀什、和田和北疆的昌吉、塔城等地，其中昌吉优势最强，其专门化系数为 2.39。玉米生产的优势产区主要在北疆的昌吉、伊犁、塔城、博尔塔拉和南疆的阿克苏、喀什、和田等地，其中塔城和博尔塔拉的优势最大，其专门化系数分别为 2.64 和 2.51。

新疆棉花的主要优势产区集中在南疆的巴音郭楞、阿克苏和北疆的博尔塔拉等地，其中巴音郭楞的优势最大，专门化系数达 1.62。

新疆油葵的优势产区主要集中在北疆的昌吉、伊犁、塔城、阿勒泰、博尔塔拉，其中阿勒泰的优势最大，专门化系数达 5.81，其次为博尔塔拉和塔城，专门化系数分别为 3.69 和 2.63。

新疆甜菜的优势产区主要在北疆的昌吉、伊犁、塔城、博尔塔拉和南疆的巴音郭楞，其中伊犁的优势最大，专门化系数达 2.81。

表 3－2　新疆各地区特色农产品专门化系数

地区	小麦	玉米	棉花	油葵	甜菜	甜瓜	牛肉	猪肉	羊肉
乌鲁木齐	0.10	0.03	0.01	0.19	0.01	—	0.36	0.54	0.28
克拉玛依	—	0.03	0.34	0.04	—	0.04	0.09	2.08	0.13
吐鲁番	—	0.03	0.36	—	—	1.94	1.38	0.14	2.38
哈密	0.70	0.02	0.36	0.06	—	2.20	0.64	2.21	1.37
昌吉	2.39	1.54	0.94	1.57	1.27	0.12	2.18	7.95	2.64
伊犁	0.81	1.28	0.06	1.28	2.81	—	1.61	1.05	1.26
塔城	1.45	2.64	1.24	2.63	1.24	0.06	3.03	2.73	2.80
阿勒泰	0.74	0.47	—	5.81	0.06	0.25	3.06	0.66	2.82
博尔塔拉	0.44	2.51	1.42	3.69	1.34	—	0.57	0.79	1.00
巴音郭楞	0.77	0.30	1.62	0.31	1.24	0.82	0.75	1.34	1.21
阿克苏	1.26	1.17	1.36	0.02	0.30	0.24	1.36	0.92	0.96
克孜勒苏	1.02	0.82	0.13	0.01	—	0.10	1.69	0.02	1.41
喀什	1.54	1.41	0.68	0.05	—	4.06	1.20	0.44	1.73
和田	1.26	1.34	0.20	0.04	—	0.20	0.46	0.05	1.12

资料来源：《新疆统计年鉴》

新疆甜瓜的优势产区集中在东疆的吐鲁番、哈密和南疆的喀什，其中喀什的优势最大，专门化系数达 4.06。而新疆哈密瓜产地的吐鲁番、哈密的甜瓜专门化系数只有 1.94 和 2.20。

新疆牛肉生产的优势区域主要在北疆的塔城、阿勒泰、昌吉、伊犁和南疆的阿克苏、和田和克孜勒苏等地，其中塔城和阿勒泰牛肉生产的优势较强，专门化系数分别为 3.03 和 3.06。

新疆猪肉生产的优势区域主要集中在北疆的昌吉、克拉玛依、哈密、塔城等地，南疆的巴音郭楞也具有一定优势，其中昌吉优势最明显，专门化系数达 7.95。

新疆羊肉生产的优势区域广泛，除乌鲁木齐、克拉玛依和阿克苏以外，其他地区和自治州均具有生产优势，其中塔城和阿勒泰的优势最大，专门化系数分别为 2.80 和 2.82。

（3）新疆各地区和自治州特色林果专门化系数。本研究用新疆各地区和自治州特色林果产品人均占有量与新疆人均占有量的比值，来反映新疆各地区和自治州特色林果专门化程度、区域布局和集中程度。

新疆特色林果产品区域布局非常明显，主要分布在南疆环塔里木盆地的 5 个地区和自治州以及东疆的吐哈盆地。其中，香梨的优势产区集中在巴音郭楞、阿克苏两地，专门化系数分别为 5.83 和 2.27。葡萄的优势产区分布在东疆的吐鲁番和南疆的克孜勒苏、和田，其中吐鲁番的优势最大，专门化系数达 16.30。杏的优势产区集中在南疆的阿克苏和喀什，两地的专门化系数分别为 2.05 和 3.57。红枣生产的优势产区主要在东疆的哈密和南疆的巴音郭楞、阿克苏、和田，其中优势最大的是阿克苏，其专门化系数达 2.51。石榴的主要产区在东疆的吐鲁番和南疆的喀什、和田，其中喀什、和田两地的优势较大，专门化系数分别达 3.52 和 3.01。核桃生产的集中程度和专门化程度较高，主要集中在南疆的和田、喀什、阿克苏，其核桃生产的专门化系数分别为 3.88、2.34、2.15。

表 3-3 新疆各地区特色林果产品的专门化系数

地区	香梨	葡萄	杏	红枣	石榴	核桃
乌鲁木齐	—	0.07	—	—	—	—
克拉玛依	—	—	—	—	—	—
吐鲁番	—	16.30	0.15	0.29	2.37	0.20
哈密	—	1.50	0.11	1.07	—	—
昌吉	—	0.90	0.04	—	—	—
伊犁	—	0.12	—	0.02	—	—
塔城	—	0.14	—	—	—	—
阿勒泰	—	—	—	—	—	—
博尔塔拉	—	0.07	—	—	—	—
巴音郭楞	5.83	0.30	0.65	2.18	0.06	—
阿克苏	2.27	0.53	2.05	2.51	0.18	2.15
克孜勒苏	0.04	1.82	0.93	—	0.61	0.05
喀什	0.26	0.27	3.57	0.65	3.52	2.34
和田	0.10	1.10	0.81	1.17	3.01	3.88

资料来源：《新疆统计年鉴》

3.4.2 特色农产品产值比重

产值比重可以反映某一农业生产部门在本区域内的规模比较

优势的大小。具有特色的农产品产值在农业总产值中应占有较高比重，某产品的产值比重计算公式如下：

产值比重＝某一农产品产值/区域农业总产值×100％

产值比重越大，说明该种农产品与本区域内其他农产品相比，集中度越高，规模越大，效益越突出，也说明该产业越重要。

本研究用新疆各主要特色农产品产值与新疆农业总产值之比，即用各特色农产品的产值比重来反映不同特色农产品在新疆农业生产中的地位和重要程度。计算结果见表 3－4。

表 3－4　新疆主要农产品产值比重

单位：％

年份	粮食	棉花	甜菜	林果	牛	羊	猪	奶	设施农业
2005	15.3	35.3	1.3	7.3	3.6	8.1	2.6	2.9	—
2006	13.8	33.9	1.7	8.5	3.5	7.7	2.5	2.9	3.5

资料来源：《新疆调查年鉴》

从表 3－4 可以看出，新疆主要特色农产品中，棉花的产值比重最大，占新疆农业总产值的 30％以上，在新疆特色农业发展中占据重要地位，粮食、甜菜以及牛、羊、猪等畜产品生产均相对较稳定，林果规模比较优势正在扩大，这也印证了新疆产业结构调整的方向，即稳定棉花和粮食生产，扩大林果生产。设施农业发展作为农民增收的重要手段之一，发展很迅速。

同时，本研究用产值比重公式分别计算出新疆特色农产品，如加工番茄、西甜瓜、加工辣椒、枸杞、食用菌、红花、啤酒花等的产值比重，结果见表 3－5。

表 3－5　新疆特色农产品产值比重

单位：%

	加工番茄	西甜瓜	加工辣椒	枸杞	食用菌	红花	啤酒花
产值比重	0.9	3.0	0.6	0.2	0.14	0.08	0.11

资料来源：新疆维吾尔自治区农业厅

从表 3－5 可以看出，虽然新疆特色农产品种类多，一些特色农产品在国际国内市场上都具有很强的优势和特色，但是，这些特色农产品在新疆农业发展中占的份额还比较小，其规模优势和产值效益优势还没有形成。其中，西甜瓜产值占新疆农业总产值的比重为 3.0%，加工番茄只占 0.9%，不足 1%，其他特色农产品产值所占比重很低。

进入 21 世纪以来，新疆大力发展特色林果业，特色林果发展迅猛。2009 年，特色林果产值已占到新疆农业总产值的 18.95%。为了反映新疆主要特色林果的优势地位和发展的重要程度，本研究把产值比重公式做适当调整，以此反映新疆主要特色林果产品的优势和发展趋势，即：

特色林果产值比重＝某一林果产值/新疆林果总产值×100%

从表 3－6 可以看出，新疆目前主要的特色林果产品有杏、葡萄、香梨、核桃、红枣、苹果，这 6 种林果品种总产值占新疆特色林果总产值的 90%左右。其他林果如桃、巴旦杏、石榴等相对比重较低。其中，杏、葡萄、香梨生产比较稳定，产值规模也相对较大，而红枣、核桃在近几年刚刚快速发展起来，生产种植规模较大，占新疆特色林果的 50%左右，但多为幼树，还没有进入盛果期，产值比重还不高。

表 3－6 新疆特色林果品种所占产值比重

单位：%

	杏	香梨	葡萄	苹果	核桃	红枣
产值比重	18.95	12.25	20.18	5.34	18.97	14.31

资料来源：新疆维吾尔自治区林业厅

3.4.3 特色农业产值集中度

产值集中度是用于说明某一区域内某一农业生产部门相对于上一级农业生产部门是否具有优势，其计算公式如下：

产业集中度指数＝区域内某一农业生产部门在农业总产值中的比重/上一级区域该部门在农业总产值中的比重

产值集中度指数如果大于1，表明该区域特色农业在产出规模上具有优势，并且该值越大，说明该区域的规模优势越大。产值集中度指数如果小于1，则说明该种农产品不具有规模优势。

本研究用新疆特色农业产值与新疆农业总产值的比值除以全国该产业产值与全国农业总产值的比值，即新疆特色农产品产值集中度指数，来反映新疆特色农业优势及在全国的地位。

从表3－7可以看出，新疆棉花生产在全国的地位和优势突出，棉花产值集中度达到10.6，其次为新疆肉类产值集中度较高，达到1.98，新疆特色瓜果在全国也具有优势。

表 3-7 新疆特色农产品产值集中度指数

特色农业	在新疆农业产值中的比重	在全国农业产值中的比重	新疆特色农业产值集中度指数
粮食	0.204	0.390	0.52
棉花	0.509	0.048	10.6
瓜果	0.089	0.098	0.91
肉类	0.166	0.084	1.98

资料来源：《新疆统计年鉴》、《中国农村统计年鉴》

新疆其他特色农产品如加工番茄、西甜瓜、红花、枸杞等在全国也具有一定的优势。新疆加工番茄产量位居全国第一，已成为世界主要番茄制品生产和出口基地之一，生产能力全国第一、世界第三，出口量和产量均居世界第二，优势十分明显。新疆红花产量约占全国总产量的 80%。2010 年，新疆枸杞种植面积 $8\times10^3hm^2$左右，年产枸杞 1 万 t 以上，占全国总产量的 50%左右。

4 新疆特色农产品比较优势与出口竞争力

4.1 新疆特色农产品比较优势

4.1.1 比较优势的评价方法

由于农产品比较优势是由农业生产的自然资源、区位条件、技术和社会经济条件、市场需求以及政策和制度等多方面因素综合作用的结果，所以，评价农产品比较优势指标的选取既要能综合地反映各构成因素的影响，又要能反映农业生产能力的现状和变化特征。为了评价新疆特色农产品的比较优势，本研究用要素比率分析法，从规模比较优势指数、生产效率优势指数和综合比较优势指数三方面，评价分析新疆特色农产品在全国的地位和优势。

（1）规模比较优势指数。生产规模是反映一国某区域某种农产品生产规模和专业化程度的指标，主要由自然资源、物质和劳动投入能力、市场需求、产业结构、制度、政策等因素决定。不同区域自然资源条件、经济发展水平、产业结构政策的不同就决定了不同区域农产品具有不同的生产规模。由于规模化生产可以产生规模经济效益，降低单位农产品生产成本，从而提高农产品比较优势，所以，生产规模是构成农产品比较优势的一个非常重要的指标。

规模比较优势指数（Scale Comparative Advantage Index，简称 SCA）是指一国某区域某种农产品的种植面积占该区域所有农作物总种植面积的比重与全国该种农产品种植面积占全国所有农作物总种植面积比重的比率，可反映一个地区的农产品区位优势。可以用数学模型表示为：

$$SCA_{ij}=\frac{S_{ij}/S_i}{S_j/S}$$

式中，SCA_{ij}表示 i 区 j 种农产品的规模比较优势指数；S_{ij}表示 i 区 j 种农产品的种植面积；S_i 表示 i 区所有农作物的种植面积；S_j 表示全国 j 种农产品的种植面积；S 表示全国所有农作物的种植面积。

该指标反映了一国内不同区域同一种农产品生产规模和同一区域内不同农产品生产规模的比较优势。如果 $SCA_{ij}>1$，说明该区域该种农产品在国内具有规模比较优势，且取值越大，规模优势越强；如果 $SCA_{ij}<1$，表明该区域该种农产品在国内生产处于规模劣势，且取值越小，劣势越显著；如果 $SCA_{ij}=1$，表明与全国平均水平相比，该区域该种农产品既没有规模优势，也不存在规模劣势，处于全国平均水平。

（2）生产效率优势指数。单位面积农产品产量是由区域自然条件、技术进步、资金投入水平、劳动力素质等生产要素综合决定的结果，其从资源内涵生产力的角度来反映农产品的比较优势，即单产越高，内涵生产力越大；反之，内涵生产力越小。

生产效率优势指数（Yield Efficiency Advantage Index，简称 YEA）是指一国内某区域某种农产品的平均单产与该区域所有农产品的平均单产之比与全国这一比值相比较的比率，可以综合反映一个地区的农产品生产条件。可表示为：

$$YEA_{ij}=\frac{Y_{ij}/Y_i}{Y_j/Y}$$

式中，YEA_{ij}表示 i 区 j 种农产品的生产效率优势指数；Y_{ij}表示 i 区 j 种农产品的平均单产；Y_i 表示 i 区所有农产品的平均单产；Y_j 表示全国 j 种农产品的平均单产；Y 表示全国所有农产品的平均单产。

该指标反映了一国内不同区域同一种农产品和同一区域内不同农产品的生产条件水平。如果 $YEA_{ij}>1$，表明与全国平均水平相比，该区域该种农产品具有生产效率优势，取值越大，优势越强；如果 $YEA_{ij}<1$，表明与全国平均水平相比，该区域该种农产品生产效率处于劣势，且随着数值的减小，劣势越明显；如果 $YEA_{ij}=1$，表明与全国平均水平相比，该区域该种农产品的生产效率处于全国平均水平，既没有优势，也没有劣势。

需要说明的是，由于农产品生产效率优势是由生产规模、经营水平、技术水平、资金投入及劳动力素质等因素相互作用的结果，一般来说，投入越多的农产品产量就越高；生产规模越小，越是集约化经营的农产品，产量也越高，这可能是高投入产生的高产出。然而，高产量并不一定带来高收益。因此，生产效率优势指数指标本身不能客观地反映区域农产品生产的比较优势，本研究不能单独使用生产效率优势指数指标来反映区域农产品的真正比较优势，必须同生产规模指标配合使用。

（3）综合比较优势指数。综合比较优势指数（Relative Comprehensive Comparative Advantage Index，简称 RCCA）能比较全面地反映区域农产品比较优势，可以用生产规模优势指数和生产效率优势指数的几何平均数，来综合评价区域农产品比较优势。可表示为：

$$\mathrm{RCCA_{ij}} = \sqrt{SCA_{ij} \cdot YEA_{ij}}$$

式中，$\mathrm{RCCA_{ij}}$是某区域某种农产品的综合比较优势指数；$\mathrm{SCA_{ij}}$是其规模比较优势指数；$\mathrm{YEA_{ij}}$是其生产效率优势指数。

如果$\mathrm{RCCA_{ij}} > 1$，表明与全国平均水平相比，该区域该种农产品具有综合比较优势，且取值越大，比较优势越强；如果$\mathrm{RCCA_{ij}} < 1$，表明与全国平均水平相比，该区域该种农产品处于劣势，且取值越小，劣势越显著；如果$\mathrm{RCCA_{ij}} = 1$，表明与全国平均水平相比，该区域该种农产品既没有优势，也没有劣势，处于全国平均水平。

4.1.2 特色大宗农产品比较优势

为了阐明新疆特色农产品在全国的比较优势地位，便于对比分析，本研究对新疆具有优势的棉花、甜菜、油葵、小麦、玉米5种大宗农产品进行比较优势定量评价和分析。

（1）棉花。棉花是我国的一大经济作物，近年来种植面积稳定在5 000×10^3hm^{2}左右，产量500×10^4t左右，产值占种植业总产值的7%～10%。同时，我国也是世界重要的原棉进出口国，棉花贸易在国际市场上也有着举足轻重的地位。

棉花是新疆最主要的经济作物，棉花生产是新疆农业生产的一大优势，在发展国民经济、增加农民收入和脱贫致富中占有十分重要的地位。新疆光照充足，具有丰富的热量资源，气温日较差大，不仅可以满足棉花生长发育对热量和光照的要求，而且有利于干物质的积累和经济产量的形成，易于获得高产。同时，新疆气候干燥、夏季高温、冬季严寒，温度年较差大，不利于病虫害的繁衍，棉花病虫种类少、危害轻，为棉花生产快速发展提供了有利条件。新疆与全国其他棉区相比，具有明显的优势，是我国生态条件最为适宜的棉区，发展棉花生产具有很大的潜力。

表 4－1 新疆特色大宗农产品比较优势

农产品	规模比较优势指数（SCA）	生产效率优势指数（YEA）	综合比较优势指数（RCCA）
棉花	10.98	1.68	4.29
甜菜	12.69	1.87	4.87
油葵	3.35	2.04	2.61
小麦	0.93	1.56	1.21
玉米	0.66	1.84	1.10

数据来源：根据 2008 年《中国农业年鉴》整理而得

目前，新疆是我国最大的产棉区，2008 年种植面积占全国棉花总种植面积的 30%，产量占全国总产量的 40%，面积和产量均位居全国之首，棉花单产 2 388kg/hm^2，位居全国第三，在我国棉花生产供给及进出口贸易中占据主要地位。

与全国其他产棉区相比，新疆棉花生产规模比较优势指数（SCA）为 10.98，具有极强的生产规模优势，生产效率优势指数（YEA）1.68，综合比较优势指数（RCCA）4.29。可以看出，新疆棉花生产无论是其生产规模还是生产效率，在全国都具有极强的相对优势，新疆棉花生产优势在全国的地位不可取代。

（2）甜菜。甜菜是我国主要的糖料作物之一，2008 年全国甜菜种植面积占糖料作物种植面积的 12%，产量占糖料作物总产量的 8%左右。我国甜菜产区分为集中产区和分散产区，集中产区主要分布在黑龙江、吉林、内蒙古和新疆，这 4 个地区甜菜种植面积占全国甜菜种植面积的 88%，产量占全国的 89%。其中，新疆甜菜种植面积 $71.14\times10^3hm^2$，占全国甜菜种植面积的 29%；产量 438.88×10^4t，占全国的 44%；单产达 61 691kg/hm^2，远高于全国平均水平（40 754kg/hm^2）。此外，还有辽宁、河北、山西、甘肃、山东、江苏等省零散分布的甜菜产区，这些省份甜菜种植面积和产量分别占到全国的 10%左右。

甜菜是新疆种植业具有比较优势的又一大经济作物。甜菜属长日照块根作物，新疆光热资源丰富，日照充足，空气干燥，昼夜温差大，十分有利于甜菜块根生长和糖分积累，并且不易发生病虫害。同时，甜菜也是一种耐寒、耐低温、喜温凉的作物，生长发育期间还需要有较多的水分供给，才能保证获得高产。

根据新疆南疆、北疆气候条件和水资源分布的差异状况，经过多年的调整优化，新疆甜菜生产布局已渐趋集中和稳定。甜菜生产主要集中在北疆，北疆甜菜种植面积和产量均占新疆的 85%左右。北疆甜菜生产又主要集中在呼图壁以西、天山北坡西部、伊犁河谷和塔城盆地的绿洲农区中，这些地区已成为新疆主要的糖料基地。此外，北疆的阿勒泰、博乐，南疆的阿克苏和焉耆也有分散种植，但这些地区热量不足，或者过于炎热，虽然有甜菜种植，但种植面积较小，产量也低，是新疆甜菜生产的次适宜区。

与全国平均水平相比，新疆甜菜生产具有极强的比较优势，综合比较优势得益于其极强的生产规模优势和生产效率优势。新疆甜菜生产规模比较优势指数（SCA）12.69，远大于 1，种植规模全国第一；生产效率优势指数（YEA）1.87，单位面积产量最高；综合比较优势指数（RCCA）4.87。

（3）油葵。油葵是油用向日葵的简称，其籽实含油率一般在46%左右，高的可达50%以上，出油率在42%以上。油葵油不含芥酸、硫代葡萄糖甙等对人体有害的物质，却含有丰富的对人体非常有益的不饱和脂肪酸和亚油酸，油质好的葵花油不饱和脂肪酸含量在50%以上，高于花生油、菜子油和豆油。亚油酸能调节新陈代谢，维持血压平衡，能溶解脱离沉积在肠壁上的多余胆固醇，因而可降低血压，预防动脉硬化。另外，油葵油还含有大量的维生素A、维生素E、类胡萝卜素等人体必需的营养物质，在促进毛细血管增生、改善血液循环、延缓细胞衰老、防止夜盲症等方面具有重要作用。油葵油油质纯正，无异味，芳香可口，易被吸收，冬天不凝固，是目前预防心脑血管疾病的食用油之一，享有“健康营养油”之美誉。

油葵是我国重要的油料作物之一，耐高温、耐寒、耐旱、耐盐碱、耐瘠薄、适应性强，集中分布在东北三省以及内蒙古、新疆、陕西、山西等地。由于新疆独特的自然环境，新疆油葵的不饱和肪脂酸含量高达90%，亚油酸含量达69%～75%，高于其他地区，油葵籽实含油率高达42.9%，比其他地区高出5%～10%，已成为新疆半干旱区和轻盐碱地区的高产、稳产油料作物。2007年，新疆油葵种植面积$66\times10^3hm^2$，占全国种植面积的9.2%，产量17.39×10^4t，占全国的14.7%。同时，油葵也是新疆最主要的油料作物之一，产量和面积均占全区油料作物的50%以上。

油葵在新疆种植范围广，南疆、北疆大部分地区都有种植。按其自身生长发育特点和目前生产现状，主要分布在北疆。北疆油葵种植面积和产量均占到新疆的90%左右，是新疆油葵的主要产区。在北疆产区中又相对集中在昌吉、伊犁、塔城、阿勒泰、博尔塔拉，这5个地区和自治州种植面积和产量均占全区的85%以上。南疆种植比较少，而且十分分散。

从比较优势计算结果来看，油葵也是新疆在全国有相对优势的大宗农产品之一。其生产规模比较优势指数（SCA）3.35，生产效率优势指数（YEA）2.04，综合比较优势指数（RCCA）2.61，在全国具有较强的生产优势。

（4）粮食。新疆属干旱、半干旱气候，水资源严重不足，粮食生产经常受到自然灾害的威胁。同时，随着新疆经济的快速发展，人民生活水平不断提高，人口数量不断增加，粮食需求量不断增加，加上新疆远离内地，从内地运输粮食的路线较长，运输成本较高，粮食安全不能依靠内地。此外，新疆还是国家粮食后备基地，在一定程度上肩负着保证国家粮食安全的重任。因此，保障新疆粮食生产安全具有重要的战略意义。

改革开放以来，新疆粮食播种面积总体上呈现出逐年减少的趋势。播种面积从1978年到2007年平均每年减少$31.06\times10^3hm^2$，年均减少1.74%；而同期，粮食总产量却呈现出逐年递增的趋势，年均增长2.88%，增长速度明显高于粮食播种面积的减少速度，表现为新疆多年来在粮食播种面积不断减少的情况下，粮食总产量持续稳步地增加。新疆粮食总产量的增加主要是依靠农业科技水平提高和大量的物质投入带来的单产水平的大幅度提高。

新疆粮食生产安全程度较高，且多年来保持在“区内平衡，略有结余”的安全线以内。人均粮食产量保持在450kg左右，高于全国平均水平，粮食生产在国家粮食安全目标范围之内。近5

年来，新疆人均粮食产量在西北五省（自治区）中稳居第二位，相对安全程度也较高。

新疆是我国的农业大区，生产粮食的范围比较广泛，南疆、北疆各地区和自治州都有粮食作物种植，但粮食生产的区域布局还是相对比较集中。新疆粮食生产主要集中在北疆的昌吉、伊犁、塔城和南疆的阿克苏、喀什、和田等地的44个粮食主产县，占全区粮食总产量的近90%。新疆粮食作物包括小麦、玉米、水稻和其他杂粮，但以小麦和玉米为主，其种植面积和产量均占到全区85%以上。

从比较优势计算结果来看，新疆小麦生产规模比较优势指数（SCA）0.93，没有规模优势；生产效率优势指数（YEA）1.56，具有比较优势；综合比较优势指数（RCCA）1.21，具有相对比较优势，但优势较弱。

新疆玉米生产规模比较优势指数（SCA）0.66，处于相对规模劣势；生产效率优势指数（YEA）1.84，具有比较优势；综合比较优势指数（RCCA）1.10，具有较弱的相对比较优势，优势不显著。

4.1.3 特色林果比较优势

为了能更好地突出新疆特色林果在全国的比较优势地位，便于对比分析，本研究把特色林果的规模比较优势指数调整为：某区域某种林果的种植面积占该区域林果总面积的比重与全国该种林果种植面积占全国林果总面积比重的比率。特色林果的生产效率优势指数调整为：某区域某种林果的平均单产与该区域所有林果的平均单产之比与全国这一比值相比较的比率。

新疆特色林果品种繁多，但以葡萄、梨、红枣、核桃、杏、苹果等为主，这 6 种林果的种植面积和产量均占新疆的 90%以上，其在全国的优势地位也在逐年增强。

与全国相比，葡萄是新疆最具比较优势的水果。2008 年，新疆葡萄种植面积占全国的 24%，产量占全国的 23.1%。从比较优势计算结果来看，其规模比较优势指数（SCA）4.31，生产效率优势指数（YEA）1.46，综合比较优势指数（RCCA）2.51，具有极强的比较优势。

表 4－2　新疆特色林果比较优势

林果产品	规模比较优势指数（SCA）	生产效率优势指数（YEA）	综合比较优势指数（RCCA）
甜瓜	2.17	1.57	1.85
葡萄	4.31	1.46	2.51
红枣	2.23	0.36	0.89
核桃	2.69	1.98	2.31
香梨	1.13	0.95	1.04

数据来源：根据 2008 年《中国农业年鉴》整理而得

核桃也是新疆具有比较优势的特色林果产品之一。2000 年以来，新疆核桃的种植面积和产量迅速增加，2008 年新疆核桃种植面积占全国的 15.6%，产量占全国的 20.9%。从比较优势的计算结果来看，其规模比较优势指数（SCA）、生产效率优势指数（YEA）和综合比较优势指数（RCCA）分别为 2.69、1.98 和 2.31，具有极强的生产规模比较优势和综合比较优势。

甜瓜是新疆最有优势的水果之一。2007 年，新疆甜瓜种植面积占全国的12.6%，产量占全国的13.4%。从比较优势计算结果来看，其规模比较优势指数（SCA）2.17，生产效率优势指数（YEA）1.57，综合比较优势指数（RCCA）1.85，具有极强的生产规模比较优势和较强的综合比较优势。

库尔勒香梨是新疆特色地理标志产品，由于受生产地域的限制，发展规模和速度受到约束。2007年，新疆香梨种植面积占全国梨种植面积的6.6%，产量占全国梨产量的4.2%。从比较优势的计算结果来看，香梨生产规模比较优势指数（SCA）1.13，具有比较优势；生产效率优势指数（YEA）0.95，不具有优势；综合比较优势指数（RCCA）1.04，与全国其他地区梨生产相比，比较优势较弱，但其特殊的口味和品质特色不可比拟。

目前，新疆红枣生产只有规模优势，还没有形成效率优势。2008年，新疆红枣种植面积占全国的12.9%，产量占全国的3.1%。从比较优势计算结果来看，其生产规模比较优势指数（SCA）为2.23，具有极强的比较优势；生产效率优势指数（YEA）0.36，劣势明显；综合比较优势指数（RCCA）0.89，不具有比较优势。其原因主要是由于新疆大面积种植的红枣还只是幼树，没有进入盛果期，2008年挂果面积$48.4\times10^3hm^2$，仅占红枣种植面积的22.4%，还没有形成规模产量。

4.2 新疆特色农产品出口竞争力

4.2.1 出口竞争力评价方法

国际竞争力实质上是对国际市场份额的争夺，国际上评价农产品竞争力的方法很多，主要有显示性比较优势指数法（RCA）、出口增长率评价法、国内资源成本系数法（DRC）、相对贸易优势评价法（RTA）、国际市场占有率评价法、净出口贸易指数法（NET）等。这些方法从出口规模、净出口状况、市场份额、价格、生产成本等不同角度对农产品竞争力进行测算，对分析一国或地区的农产品竞争力都具有较好的应用价值。本研究鉴于数据资料的可获得性，运用显示性比较优势指数（RCA）、净出口贸易指数（NET）、国际市场占有率，对新疆主要农产品出口竞争力进行评价分析。

（1）显示性比较优势指数。显示性比较优势指数（RCA）是指一国某种商品出口占其出口总值的份额与世界贸易中该类商品出口占世界出口份额的比率。它剔除了一国总量波动和世界总量波动的影响，较好地反映了一国某商品出口的相对比较优势。其计算公式为：

$$RCA_{ij}=\frac{X_{ij}/X_{it}}{X_{wj}/X_{wt}}$$

式中，RCA_{ij}为 i 国或地区的 j 产品的显示性比较优势指数；X_{ij}为 i 国或地区的 j 产品的出口额；X_{it}为 i 国或地区的全部产品出口额；X_{wj}为 j 产品的世界出口额；X_{wt}为世界全部商品的出口额。

一般认为，RCA 值大于 1，表明该产品具有比较优势，RCA 值越大，竞争力越强；RCA 值小于 1，则该国在 j 种商品上没有竞争优势，RCA 值越小，劣势越明显。

（2）净出口贸易指数。净出口贸易指数（NET），也叫贸易竞争力指数，是指一国某商品的净出口与该商品的进出口总额之比，可用公式表示为：

$$\mathrm{NET}_{ij}=\frac{E_{ij}-I_{ij}}{E_{ij}+I_{ij}}$$

式中，NET_{ij}表示 i 国或地区的 j 商品的贸易竞争力指数；E_{ij}表示 i 国或地区的 j 商品的出口额；I_{ij}表示 i 国或地区的 j 商品的进口额。

该指标的值介于－1 和 1 之间，如果 NET_{ij} 为－1，表示该产品只进口不出口，是完全进口专业化的贸易格局；如果 NET_{ij} 为 1，表示该产品只出口不进口，是完全出口专业化的贸易格局；如果 NET_{ij} 为 0，则表示该产品在国际市场上完全是产品交换。当该值大于 0 时，说明该产品具有竞争力，越接近 1，竞争力越强；当该值小于 0 时，说明该产品不具有竞争力，越接近－1，竞争力越弱。

（3）国际市场占有率。国际市场占有率指一国或地区某种商品出口额占世界该商品出口总额的比例，可以用公式表示为：

$$M_{ij}=\frac{X_{ij}}{X_j}\times 100\%$$

式中，M_{ij}是 i 国或地区 j 种商品的国际市场占有率；X_{ij}表示 i 国或地区 j 种商品的出口额；X_j 表示世界 j 种商品的出口额。

该指标反映了某国或地区某种产品出口在国际市场上所占的比例。M_{ij}值越大，表明该产品出口规模越大，国际市场竞争力越强；M_{ij}值越小，表明该产品出口规模越小，国际市场竞争力越弱。

4.2.2 特色农产品出口及变动

（1）农产品总体出口状况。20世纪90年代以来，新疆对外贸易增速迅猛。1992年新疆对外贸易出口总额4.5亿美元，2005年达到50.4亿美元，2007年100亿美元以上，2004—2007年以年均39%的速度增长。从新疆农产品出口总体状况来看，近5年来，农产品出口总额从2004年的2.76亿美元增加到2008年的8.16亿美元，增加了近2倍，年均增长24%，但远低于同期对外贸易出口总额的增长速度。

虽然新疆农产品的出口额不断增长，但农产品出口额占所有产品出口总额的比重不高，且呈下降趋势，2008年，新疆农产品出口额比重只有4.23%。新疆属农业资源大区，农业人口比重较高，农产品出口对促进农民增收和农业发展有着极其重要的作用。

表4-3 新疆农产品出口状况及比重

出口额单位：万美元；比重单位%

	2004年	2005年	2006年	2007年	2008年
农产品出口额	27 581.17	39 848.7	40 077.75	59 543.88	81 585.8
比重	9.05	7.91	5.61	5.18	4.23

新疆出口的农产品主要有大宗农产品、蔬菜、林果、畜产品、加工农产品、花卉及种苗等七大类，包括番茄酱、棉花、啤酒花、核桃、鲜葡萄、葡萄干、红枣、香梨、哈密瓜等多种特色农产品。

表 4-4 新疆主要特色农产品出口及变动

单位：万美元

农产品	2004 年	2005 年	2006 年	2007 年	2008 年
核桃	1.60	56.40	46.78	0.00	52.60
鲜葡萄	93.04	143.24	401.85	428.95	581.90
葡萄干	101.43	153.26	335.00	490.01	619.50
鲜哈密瓜	0.00	3.15	0.00	6.79	13.07
红枣	15.04	37.65	0.15	2.82	30.74
香梨	200.97	622.10	773.35	1 216.00	1 037.44
棉花	1 029.54	473.57	270.02	519.32	2 188.23
番茄酱	17 202.64	20 741.60	19 462.32	30 995.88	46 130.89
啤酒花	1.80	37.29	1.09	44.01	943.62

资料来源：乌鲁木齐海关提供，计算整理而得

（2）番茄酱出口。中国新疆是继美国、意大利之后的世界第三大番茄酱产区。近年来，番茄酱出口量呈递增趋势，年均增长10.12%，其中2007年出口量最高，达52.70×10^4t；出口额占新疆农产品出口总额的50%以上，出口额也呈增长趋势，从2004年的17 202.64万美元增加到2008年的46 130.89万美元，年均增长27.97%。2009年，新疆番茄酱产量达101.83×10^4t，年出口量达50×10^4t以上，是新疆最具有出口优势的农产品，在农产品出口中占有绝对优势。

新疆番茄酱销往世界五大洲的100多个国家和地区，其中对荷兰、意大利、俄罗斯联邦、德国等欧洲国家和地区的出口额占新疆番茄酱罐头出口总额的50%左右，对越南等东南亚国家和地区的出口额占新疆番茄酱罐头出口总额的15%～17%，对也

门共和国、阿拉伯联合酋长国等西亚国家的出口额占新疆番茄酱罐头出口总额的15%左右。

表4-5 新疆主要特色农产品出口量年增长率

单位:%

农产品	2004—2005年	2005—2006年	2006—2007年	2007—2008年
核桃	1 737.50	−4.08	—	—
鲜葡萄	0.67	129.15	−7.60	−21.15
葡萄干	47.50	115.24	51.07	7.60
鲜哈密瓜	—	—	—	56.16
红枣	88.75	−99.81	—	93.33
香梨	130.88	0.91	48.80	−14.30
棉花	−54.94	−53.89	102.91	290.35
番茄酱	27.96	−13.87	39.44	−4.33
啤酒花	940.12	−97.63	—	—

资料来源：乌鲁木齐海关提供，计算整理而得

（3）棉花出口。棉花也是新疆主要的出口农产品，出口量和出口额均较高，2008年出口量9 329.10t，出口额2 188.23万美元，占农产品出口总额的2.68%。新疆棉花出口波动较大，呈先下降后上升的趋势，出口额从2004年的1 029.54万美元下降到2006年的270.02万美元，年均减少50%以上，2008年又增长到2 188.23万美元，年均增长1倍以上。

新疆棉花主要出口到巴基斯坦、印度、泰国、日本等17个国家和地区，其中对日本一直都有出口，2006年对日本的出口额占新疆棉花出口总额的93.94%，2008年下降到7.28%。其次，对印度和巴基斯坦的出口也较多，2008年对这两个国家的

出口额分别占到新疆棉花出口总额的32.29%和31.82%。

(4) 香梨出口。香梨是新疆具有出口优势的特色水果。2004—2007年，新疆香梨出口量和出口额均呈快速增长，出口量从2 597.80t增加到9 006.33t，年均增长51.35%，出口额从200.97万美元增加到1 216.00万美元，年均增长56.84%。2008年出口量和出口额均有所减少，分别下降到7 718.19t和1 037.44万美元。

目前，新疆库尔勒香梨已经出口到世界21个国家和地区，但主要出口美国、加拿大以及印度尼西亚、马来西亚等东南亚国家，其中对东南亚国家的出口较多，2004—2005年，对东南亚国家的出口额占到新疆库尔勒香梨出口总额的60%以上。2006—2008年，对东南亚国家的出口份额有所下降，2008年出口份额不足35%；期间，对美国的出口较多，3年出口美国香梨分别占到43.20%、64.75%和44.65%。

(5) 葡萄和葡萄干出口。葡萄是新疆的一大特色水果，但鲜葡萄和葡萄干的出口相对较少，其出口额在农产品出口中所占份额较低，均在1%以下。2008年，鲜葡萄和葡萄干出口分别占0.71%和0.76%。

新疆鲜葡萄出口量呈先增长后下降的趋势，2006年出口量最高，达8 829.36t，出口额从2004年的93.04万美元增加到2008年的581.9万美元，年均增长58.14%。鲜葡萄主要出口南亚国家，2004—2007年，对南亚国家出口额占新疆鲜葡萄出口总额的70%左右，其中对巴基斯坦的出口最多。其次对东南亚、西亚、中亚、欧洲一些国家和地区以及加拿大。2008年，对南亚出口下降到46.90%，而对中亚国家的出口增多，出口占新疆鲜葡萄出口的20%以上，且主要出口到哈萨克斯坦和吉尔吉斯斯坦。

新疆葡萄干出口不断增加。出口量由2004年的805.14t增长到2008年的4 154.83t，年均增长50.72%；出口额从2004年的101.43万美元增加到2008年的619.50万美元，年均增长57.21%。目前，新疆葡萄干已经出口到世界46个国家和地区，其中对印度、日本、巴基斯坦、沙特阿拉伯、阿拉伯联合酋长国、英国和美国一直都有出口，对这7个国家的出口额占新疆葡萄干出口总额的70%以上，其中对沙特阿拉伯的出口较多，出口份额在20%以上。

（6）其他干鲜水果出口。近年来，新疆红枣出口呈波动增长，出口量由2004年的157.13t波动减少到2008年的51.33t，然而，随着红枣价格的上升，出口额却从2004年的15.04万美元增长到2008年的30.74万美元。新疆红枣出口主要销往中国香港及台湾、马来西亚、美国等国家和地区，其中，对中国台湾的出口最多，2007年和2008年对台湾出口红枣分别占新疆红枣出口总额的83.88%和100%。

新疆核桃主要出口到土耳其、越南、中国香港、伊朗，其中2008年仅对土耳其有出口。新疆核桃出口呈较大幅度地波动增长，出口量从2004年的8.00t增长到2008年的183.02t，其中2007年没有出口；出口额从2004年的1.6万美元增长到2008年的52.60万美元。

新疆鲜哈密瓜出口较少，呈趋势性增长。出口量从2005年的57.60t增长到2008年的132.00t，其中2007年没有出口；出口额从2005年的3.15万美元增长到2008年的13.07万美元。

新疆鲜哈密瓜主要出口到中国香港、印度尼西亚、日本、马来西亚和巴基斯坦，其中 2008 年主要对马来西亚出口，其出口额占到新疆鲜哈密瓜出口总额的 91.73%。

（7）啤酒花出口。新疆啤酒花出口波动幅度较大，呈趋势性增长。出口量从 2004 年的 8.10t 增长到 2008 年的 852.50t，其中 2006 年出口量最低，仅为 2.00t；出口额从 2004 年的 1.8 万美元增长到 2008 年的 943.62 万美元。新疆啤酒花主要销往日本、中国台湾、英国、德国等 8 个国家和地区，其中，对日本一直有出口，特别是在 2006—2007 年，新疆啤酒花全部出口到日本。2008 年对中国台湾、德国出口增多，出口额分别占新疆啤酒花出口总额的 46.94%和 37.29%。

4.2.3 特色农产品出口竞争力

（1）新疆特色农产品出口竞争力。本研究对新疆主要的特色农产品与全国同类产品出口进行比较分析，测算了 2008 年 11 类农产品的显示性比较优势指数（RCA）、净出口贸易指数（NET）和国际市场占有率，见表 4-6。

就全国而言，在测算的 11 类农产品中，番茄酱、鲜苹果、梨这 3 种农产品具有国际竞争力。其中，番茄酱的 RCA 为 2.94，远大于 1，具有极强的出口竞争力，NET 为 1，处于净出口贸易状态，且国际市场占有率接近 27%；其次为鲜苹果，其 RCA 为 1.22，也具有较强的出口竞争力，NET 为 0.88，处于出口大于进口状态，国际市场占有率达到 11.20%；梨的 RCA 为 0.99，接近 1，NET 为 1，处于净出口状态，其国际市场占有率为 9.04%，具有一定的出口竞争力。

表 4-6 2008 年中国和新疆特色农产品出口竞争力

农产品	中国			新疆		
	显示性比较优势指数（RCA）	净出口贸易指数（NET）	国际市场占有率（%）	显示性比较优势指数（RCA）	净出口贸易指数（NET）	国际市场占有率（%）
小麦	0.17	0.82	1.52	0.31	1.00	0.04
玉米	0.03	0.71	0.27	0	0	0
棉花	0.03	−0.98	0.31	1.39	−0.53	0.2
番茄酱	2.94	1.00	26.98	109.92	1.00	15.67
鲜葡萄	0.09	−0.33	0.83	0.71	1.00	0.10
葡萄干	0.40	0.41	3.71	3.41	0.91	0.49
西甜瓜	0.09	−0.13	0.82	0.04	1.00	0.01
梨	0.99	1.00	9.04	3.06	1.00	0.44
鲜苹果	1.22	0.88	11.20	7.41	1.00	1.06
红枣	0	−0.97	0	0.31	1.00	0.04
核桃	0.51	0.65	4.64	0.28	1.00	0.04

资料来源：UN COMTRADE DATABASE 和乌鲁木齐海关，计算整理而得

与全国农产品出口竞争力水平相比，新疆在番茄酱、鲜苹果、鲜葡萄、葡萄干、梨这 5 种特色农产品上具有较强的出口竞争力，新疆棉花具有一定的出口竞争力。新疆小麦不具有出口竞争力，玉米没有出口。新疆西甜瓜、红枣、核桃等特色农产品，虽然处于净出口状态，但出口量很小，国际市场占有率也极低，出口的竞争优势不明显，还没有形成国际竞争力。

测算结果显示，新疆在番茄酱、鲜苹果、葡萄干、梨、棉花这 5 种农产品上的 RCA 均大于 1，具有明显的显示性比较优势，

出口竞争力较强。新疆在番茄酱、鲜苹果、鲜葡萄、西甜瓜、梨、红枣和核桃7种农产品上处于净出口状态，其NET均为1。其中，番茄酱的RCA最高，达109.92，具有极强的出口竞争力，NET为1，处于净出口状态，国际市场占有率达15.67%。新疆特色林果中的鲜苹果、葡萄干和梨的RCA分别为7.41、3.41和3.06；其中，鲜苹果的国际市场占有率为1.06%。新疆棉花的RCA为1.39，具有出口竞争优势，但其NET小于零，处于净进口状态。

综上可以得出，与全国相比，新疆特色农产品不仅种类多，而且具有出口竞争力的农产品也远多于全国，尤其是更多的特色农产品处于净出口状态，出口竞争力和国际市场占有率不断加强和提高。

（2）新疆主要特色农产品国际市场占有率及变动。新疆对外出口的特色农产品种类较多，出口贸易的国家和地区也很广泛，但出口量相对较少，除个别产品外，国际市场占有率还很低。在此，选择新疆具有出口优势和竞争力的番茄酱罐头、葡萄干、鲜食葡萄等特色农产品进行分析评价。

表4-7 新疆主要特色农产品国际市场占有率及变动

单位：%

品种	2004年	2005年	2006年	2007年	2008年
番茄酱罐头	10.96	12.67	11.16	14.58	15.67
鲜食葡萄	0.03	0.04	0.10	0.09	0.10
葡萄干	0.12	0.17	0.34	0.45	0.49

资料来源：乌鲁木齐海关提供，计算整理而得

新疆番茄酱罐头、鲜食葡萄和葡萄干出口的国际市场占有率不断提高，均呈上升趋势。其中，新疆番茄酱罐头国际市场占有率最高，近5年中都在10%以上，并且从2004年的10.96%上升到2008年的15.67%，年均增长9.35%。新疆葡萄干出口的国际市场占有率从2004年的0.12%增长到2008年的0.49%，增长了3倍多。新疆鲜食葡萄出口的国际市场占有率从2004年的0.03%增长到2008年的0.10%，增长了2倍多。

5　新疆特色农业发展中存在的问题与制约因素

5.1　新疆特色农业发展优势

5.1.1　地理标志产品

地理标志产品是指产自特定地域，所具有的质量、声誉，或其他特性本质上取决于该产地的自然因素和人文因素，经审核批准以地理名称进行命名的产品。包括两种类型，一是来自本地区的种植、养殖产品；二是原材料全部来自本地区或部分来自其他地区，并在本地区按照特定工艺生产和加工的产品。

截至 2010 年 2 月，新疆已有包括哈密瓜、伽师瓜、吐鲁番葡萄、吐鲁番葡萄干、莎车巴旦木、英吉沙色买提杏、木垒鹰嘴豆、库尔勒香梨、若羌红枣、阿克苏苹果等 10 多种地理标志农产品，经国家质量监督检验检疫总局和农业部审查通过，并获得专有标志使用权，列入地理标志产品国家标准体系。

新疆地理标志农产品对于增强其特色农产品的品牌优势，形成品牌效应，具有重要意义和作用，同时也有利于提高农产品质量安全，突破国际贸易壁垒，增强农产品竞争力，开拓国际市场。

5.1.2　无公害农产品

无公害农产品是指产地环境、生产过程、产品质量符合国家有关标准和规范的要求，经认证合格获得认证证书并允许使用无公害农产品标志的未经加工或初加工的食用农产品。在我国，无公害农产品需经省一级以上农业行政主管部门认证。无公害农产品的特征是农产品内部的农药残留不超标、硝酸盐不超标、工业“三废”和重金属不超标、有害病原微生物不超标等，它是对农产品质量安全的最基本要求。

随着2001年《新疆维吾尔自治区无公害农产品保护办法》的出台，新疆开展了无公害农产品的产地（产品）认定（认证）工作，无公害农产品开发步入了规范、有序、快速发展的轨道。无公害农产品基地建设规模逐年扩大，优势特色无公害农产品认证稳步推进，无公害农产品产业开发快速发展。截至2010年底，新疆已累计认定无公害农产品生产基地400个，认定面积1 256.88×$10^3$$hm^2$；认证无公害农产品595种，认证无公害农产品面积总规模530.5×$10^3$$hm^2$；认定无公害畜产品基地53个，认证无公害畜产品12种。

从无公害农产品认证范围看，新疆主要认证的农产品范围包括蔬菜、水果、瓜类，这三类农产品认证的种类数量和认证面积均占新疆无公害农产品认证种类和面积的75%左右。其中，水果认证面积比重最高，占新疆无公害农产品认证面积的38.78%；蔬菜认证种类最多，占新疆无公害农产品认证种类的45.7%。

5.1.3 绿色食品和有机食品

绿色食品是遵循可持续发展原则，按照特定生产方式生产，经专门机构认定、许可，使用绿色食品标志的、无污染的、安全优质食用农产品。按照标准不同，绿色食品可分为A级和AA级。其中，A级为初级标准，在生产过程中允许限时、限量、限品种使用安全性较高的化肥和农药；AA级农产品严格要求在生产过程中不使用农药、化肥、生长激素等有害环境和健康的物质。

有机食品是指根据农业和有机食品生产、加工标准，生产加工出来的，经过授权并由有机食品认证组织发给证件，供企业加工或人们食用的一切食品或农产品。有机食品是一类真正无污染、纯天然、高品位、高质量的健康食品，是最高级的安全食品。

有机食品要符合以下条件：一是原料来自有机农业生产体系或采用有机方式采集的野生天然食品。有机农业是指在生产过程中不使用人工合成的肥料、农药、生长调节剂和饲料添加剂的农业。二是生产加工过程严格遵循有机食品加工、包装、贮藏、运输标准，不使用任何人工合成的化肥、农药和添加剂。三是在生产和流通过程中，有完善的质量控制和跟踪审查体系，并有完整的生产和销售记录档案。四是通过授权的有机食品认证机构的认证。

近年来，新疆在绿色食品和有机食品认证方面投入巨大精力，获得绿色食品认证企业和产品数量不断增加。截至2010年底，新疆获得有效使用绿色食品标志的企业总数达132家，产品总数279种；经农业部中绿华夏有机食品认证中心审批获证的有机食品企业24家，有机食品总数79种。新疆乌鲁木齐市格瑞德保鲜科技有限公司生产的“翠绿”牌葡萄保鲜纸和葡萄保鲜垫系列产品已经获得绿色食品生产资料证书，这是新疆第一家经过中国绿色食品发展中心认证的绿色食品生产企业，为绿色食品和有机食品生产企业提供了非常安全、环保的保鲜材料，为新疆生产出达到国际出口标准的特色、优质绿色（有机）食品农产品，走出新疆，面向中亚，辐射西亚、南亚、东南亚以及欧美等国家和地区奠定了坚实基础。

为保证绿色、有机食品生产中的初级农产品原料质量，新疆加强了农产品基地建设，建成了一批产地环境好、生产规模大、管理水平高的绿色和有机优质农产品原料基地。截至 2010 年底，已有 16 个市（县）的 11 种农产品共计 30 个基地被批准为全国绿色食品原料标准化生产基地，绿色食品原料标准化基地面积 $620\times10^3 hm^2$。部分优质特色农产品成功销往美国、加拿大、欧洲、俄罗斯、中亚、日本、新加坡等国家和地区。

5.1.4　向西出口的地缘区位优势

新疆深居内陆，但向西开放的地缘优势突出。新疆曾是古“丝绸之路”的必经之地，是我国通向中亚、西亚的重要陆路通道，位于欧亚大陆腹地中亚地区的东部，与蒙古、俄罗斯、哈萨克斯坦、吉尔吉斯斯坦、塔吉克斯坦、巴基斯坦、阿富汗、印度 8 个国家山水相连，拥有共同边境线 5 600 千米，是我国拥有邻国最多、边境线最长的自治区。新疆特殊的地缘区位优势，已成为我国东联西出和开拓中亚、南亚、西亚和东欧市场的前沿阵地，是我国向西开放和开拓中亚、西亚以及欧洲市场的重要枢纽与桥头堡，为我国和新疆对外农业合作和农产品贸易提供了有利条件。

同时，新疆各民族在宗教信仰、生活习俗、消费习惯等方面与周边国家有许多共同之处，具有向西开放、与中亚各国发展经贸关系的优越条件。目前，新疆已有75个市（县）对外开放，与140多个国家和地区建立了经贸关系，对外开放的一类口岸17个，二类口岸12个，国家级开发区3个，边境经济合作区3个，出口加工区1个，是全国拥有口岸数量最多的省（自治区）之一。目前，新疆境内各口岸为农产品出口开辟了“绿色通道”，规范了农产品通关便利措施的实施标准和工作程序，制定了支持农产品出口的一系列措施，快捷通畅的通关环境逐步形成，这些口岸在新疆与中亚、西亚、南亚的经贸合作与发展中起着重要作用，通过这些口岸运输蔬菜、水果及畜产品，与内地省份相比，具有运输距离短、成本低的优势，能保证鲜活农产品快速直达周边国家农产品市场。2009年，新疆农产品出口货值达9.39亿美元。随着兰新铁路二线的开工建设，新疆与内地的联系将更加方便、快捷。

5.2 新疆特色农业发展存在的问题与制约因素

5.2.1 布局不合理，技术水平低

目前，新疆特色农业产业结构雷同现象突出，生产与经营分散，区域化布局、专业化分工的格局尚未形成，各地比较优势未能充分发挥。农业生产标准化水平低，优良品种和良种良法配套生产技术推广慢，特色农产品生产基地生产环境认证、产品认证步伐缓慢，检验检测及相关管理工作还不能适应发展要求。特色农业生产水平仍然较低，尚处在由传统农业向现代农业过渡阶段。

5.2.2 产业化程度不高，产品附加值低

一是除加工番茄以外，其他特色农产品龙头企业数量少、实力弱，整体运行不佳，龙头企业开拓市场和辐射带动能力不强。二是企业与基地和农户之间的利益联结机制还不完善，订单农业不规范，合理稳固的“公司＋农民合作社＋基地＋农户”的经营机制还没有真正建立起来。三是特色农产品加工能力远不能适应生产发展，很多企业技术及装备水平还停留在农产品初加工水平，缺乏农产品精深加工和新产品系列开发能力，初级原料产品多、附加值低，影响了特色农产品的精深加工和市场开拓。

5.2.3 地方财政困难，投入不足

由于自身财力不足，新疆绝大多数市（县）财政是“吃饭财政”，工业反哺农业、城市支持农村的能力十分有限。近10多年来，尽管财政支农支出绝对数有所增长，但比重却逐年下降，低于全国平均水平，新疆地方财政支农支出占总支出的比重不足7％，其中用于发展特色农业产业的投入更少。新疆特色农业支持力度和补贴资金额度与产业发展需求不相匹配。一是对龙头企业和农产品加工企业扶持的范围不广、内容不多。二是自治区财政扶持资金额度小，国家补助资金有限，且资金分散，未能捆绑集中扶持骨干特色产业发展。三是贷款难，特色农业基地和企业由于规模较小，往往得不到银行贷款支持。农业发展资金短缺，致使农业生产物化投入能力有限。加之新疆农民收入水平偏低，贫困人口比重较大，农民自身积累对农业的投入也十分有限。上

述因素导致优势产业区域内基础配套设施不完善，节水、抗旱措施仍存在问题，中低产田面积仍占一定比例，靠天吃饭的局面仍未根本改变，抵御各种重大自然灾害的能力以及病虫害综合防治措施尚需加强。因此，新疆特色农业发展经济基础薄弱的局面在短期内难以改变。

5.2.4 生态环境脆弱，自然灾害频发

新疆绿洲不到土地总面积的10%，森林覆盖率仅为2.94%，沙化土地面积已占全区总面积的40%以上，生态环境极其脆弱。近年来，新疆每年约有 $600\times10^3 hm^2$ 农田遭受风沙侵袭，使土壤中的有机质、氮和磷等营养物质大量流失，理化性质变差，保水、保肥能力下降，直接影响到特色农作物产量的进一步提高。同时，沙尘、大风、干旱、洪害、雪灾、寒流霜冻、病虫害等自然灾害频发，给特色农业发展造成极大的危害和经济损失，严重制约特色农业的发展。

5.2.5 农产品市场消费半径过大，市场体系建设滞后

新疆地处我国西北边陲，是一个相对独立的农牧区，远离东部农副产品消费发达地区，陆路交通距离内地中心消费城市都在3 000千米以上，农副产品运输成本高，加之沿途通关检验关口多等限制因素，严重限制了产品销售。国际市场方面，由于我国与周边国家在农副产品绿色通关等方面尚未达成共识或签订农副产品贸易协议，“灰色通关”等不平等贸易限制了农副产品进入中亚市场。与此同时，区域内市场组织化程度不高，难以适应日益激烈的市场竞争的需要。农产品市场体系建设严重滞后，农产

品分类分级、包装、保鲜、储存、检验检疫设施和信息采集、传播系统、市场管理信息系统等基础服务设施稀缺，也限制了农产品的销售。

5.2.6 农民受教育程度低，掌握现代农业生产技术困难

新疆农村劳动力平均受教育年限仅为7年，文盲半文盲及小学文化程度占49.4%、初中占40.6%、高中及高中以上占10%。全区农村劳动力中接受过农业职业技术教育或技能培训的不足5%，加之农村劳动力中少数民族占多数，存在语言沟通障碍，不易掌握现代农业生产技术。农村缺乏掌握新产品、新技术的骨干，缺乏懂技术、会管理、善经营的实用人才，农业技术服务人员严重不足，农民生产组织化程度不高，这将长期成为制约新疆特色农业产业化经营的主要障碍。

6　新疆特色农业发展总体思路和发展战略

6.1　新疆特色农业发展的指导思想与原则

6.1.1　指导思想

全面贯彻落实科学发展观，按照现代农业发展的思路，立足新疆自然地理环境、资源与社会经济条件实际，因地制宜谋划特色农业发展方向。充分发挥区域比较优势，把保持农业、农村经济平稳较快发展作为首要任务，积极有效地促进特色农业生产稳定发展，保障农产品有效供给，促进农民持续增收。坚持遵循顶层设计、系统构造、改革创新和重点突破的工作方针，以生态建设为基础、市场为导向、科技为支撑，充分发挥新疆特色农业产业优势，巩固提升和加快“粮食、棉花、瓜果、畜牧、设施农业、特色作物”六大产业发展。逐步向以工促农、以城带乡、城乡一体、工农互动的方向发展，推动新疆现代农业跨越式发展。

6.1.2　基本原则

（1）以市场为导向，调整优化结构的原则。立足新疆市场，放眼国内发达地区市场和国外市场，从新疆资源优势及特点出发，突出新疆优势特色农产品生产、加工和市场开拓，满足多元化、多样化的市场需求。围绕“粮、棉、畜、果”四大基地建设，在稳步提升粮、棉等大宗农产品综合生产能力的前提下，加快传统农业向现代农业转变，转变农业增长方式，调整优化产业结构、产品结构和市场结构。遵循经济规律和市场规律，高效配置各种生产要素，大力推进精深产品加工，提高高新技术在农业生产和加工转换中的应用水平，提高企业的开拓市场能力，健全特色农产品的生产、加工、宣传、包装、销售以及物流体系，形成规模适度、特色突出、效益良好和产品具有较强市场竞争力的特色农业体系。

（2）因地制宜，发挥比较优势的原则。立足新疆实际，综合考虑区域内各地区在资源禀赋、产业基础、市场区位、环境质量以及资金、技术、人才等因素和条件，充分利用自然地理环境条件及市场、资金、技术等方面的优势，因地制宜，扬长避短，把潜在的优势转变为现实的经济优势。坚持特色农业在适宜区域进行生产，做到规模适度，发挥各地区特色产业之长，积极探索适合本区域的特色农业发展模式。

（3）实现农业增效、农民增收的原则。通过培育新疆优势特色农业产区，积极发展品种优良、特色明显、附加值高的优势农产品，实现农业增效。促进产区加工贸易的发展，带动加工、保鲜、储藏、运输、市场营销和其他服务，有效延长特色农业产业链，开辟农村内部就业渠道，拓宽增收领域，不断增强农民尤其是少数民族农民的非农就业技能，全面提升农村劳动力就业、创业能力，促进农民增收。

（4）建设节约型农业，走可持续发展道路的原则。坚持开发与节约并重、节约优先，按照减量化、再利用、资源化的循环经济发展要求，逐步建立特色农业资源可持续发展体系。深入贯彻落实科学发展观，走特色农业生产内涵挖潜的发展道路，大力推进节地、节水、节肥、节药、节种、节能技术。全面考量新疆水资源约束及自然灾害引起的土壤有机质、氮和磷等营养物质大量流失、土壤肥力下降的现状，进一步推进特色农业节水设施建设，降低农业面源污染尤其是农田过量施用化肥和残留地膜的污染，摒弃传统增长模式，发展以低能耗、低污染、低排放为核心的低碳农业生产方式，实现绿洲农业可持续发展。

（5）经济效益与生态效益并重的原则。从新疆经济社会与生态环境协调发展的全局和长远出发，要高度重视发展特色农业和保护资源环境的关系，结合传统农业和现代农业技术，加强农业生产过程中对环境的保护。充分发挥农业对生态的修复功能，从农业发展的全局出发，遵循自然规律和经济规律，合理有效地利用农业资源，发展经济效益好的特色农产品，改善和保护生态环境，提高综合生产能力。以农业发展促进资源、环境有效保护，充分利用新疆地区污染少、绿洲分散等生产有机食品的明显优势，大力建设全国有机食品生产基地，扩大有机和绿色农产品生产规模，提高农产品品质，实现特色农业发展经济效益和生态效益的统一。

6.2 新疆特色农业发展的总体思路

按照现代化、规模化、特色化、市场化、品牌化、效益化思路，遵循现代农业高产、优质、高效、生态、安全的要求，合理有效地配置生产要素，加快构建优势特色农产品产业带，重点培育并做大做强一批具有国内外市场竞争力的优势特色农产品。转变发展方式，创新发展模式，推进以特色林果、加工番茄、糖料甜菜、酿酒葡萄、啤酒花、枸杞、红花、油葵、亚麻、羊肉、羊毛（绒）和冷水鱼等为主导产品的优势特色农产品产业带发展，形成一批区域化布局、专业化分工、规模化生产、市场化经营的特色农业产业带和产业区，呈现出宏观布局合理、局部区域集中、县域特色突出的优势农产品发展格局。立足区域地缘区位优势，以市场为导向，着力加快和加强特色农产品加工转换和市场开拓两大能力建设，努力开展精深加工，提高附加值，积极打造特色农产品外销平台，不断拓展国内市场和深度开发国际市场，提高市场竞争力，推进优势资源转换战略，加快特色农业现代化发展。

总体思路：围绕一个核心，稳保两大基础产业，实现三个转变，提高四大能力建设，坚持五化发展，实施六大战略，做好七项保障，建设八大支撑体系，落实九大工程。

围绕一个核心：以农业增效和农民增收为核心。

稳保两大基础产业：稳定发展粮食生产，巩固棉花生产的优势地位。

实现三个转变：大力推动特色农业由生产型向市场经营型转变、基地建设由规模数量型向质量效益型转变、产业层次由初级产品向精深加工转变。

提高四大能力建设：提高特色农产品基地建设能力、科技创新与推广能力、加工转化能力、市场开拓能力。

坚持五化发展：坚持特色农业区域化布局、规范化建设、标准化生产、产业化经营、市场化运作。

实施六大战略：包括优势资源转换战略、品牌战略、产业化发展战略、科技人才支撑战略、外向型农业带动战略、农业安全战略。

做好七项保障：包括统一规划保障、优惠政策保障、资金投入和金融支持保障、农业科技创新与推广保障、技术和人才保障、农村干部队伍管理服务能力保障。

建设八大支撑体系：包括特色农业技术推广服务体系，种业支撑保障体系，农业有害生物预警与控制体系，动物防疫体系，草原防鼠、防虫、防火体系，农产品质量安全体系，市场与信息服务体系，现代农业技术培训体系。

落实九大工程：包括设施农业工程、高效节水灌溉工程、农村沼气工程、草原保护与建设工程、农业生态和资源保护工程、农民技术培训工程、农业专业合作社示范社工程、牧民定居工程、地方国有农场民生工程。

6.3 新疆特色农业发展战略

6.3.1 优势资源转换战略

努力实现特色农产品生产优势转换成市场优势和经济优势。瞄准国际国内市场，充分利用新疆富足的光热资源，在适宜区大力发展有优势的加工番茄、红枣、核桃、葡萄、哈密瓜、啤酒花、红花、枸杞等地域特色农产品。立足新疆粮食安全，利用相对充裕的土地资源和可开垦的后备耕地资源，重点发展棉花、甜菜、油葵等大宗农作物。利用新疆向西开放的地缘区位优势和便捷的陆路口岸及运输条件，全面提升农业发展向西开放水平，在更高层次、更宽领域上加强与周边国家农业领域的交流与合作，扩大特色农产品出口。

6.3.2 品牌发展战略

集中力量培育和扶持企业创建品牌，形成一批有影响力和市场竞争力的国内外知名品牌，引导土地、资金、技术、劳动力等生产要素向品牌农产品集中和优化配置，支持和鼓励企业争创名牌和驰名商标，着力打造“库尔勒香梨”、“阿克苏红富士”、“哈密大枣”等具有地理标志的名、优、特农产品品牌。加大对特色农产品品牌创建的投入力度，注重品牌质量，以品牌推动销售。加强推介、搭建平台、创新载体，引导、开发、创建品牌特色农业产业，进一步整合品牌资源，加强品牌宣传和营销。提升企业、农民专业合作社、协会等现代经营组织的品牌保护意识，从而达到创出绿色知名品牌的要求。

6.3.3 产业化发展战略

以产业化思想和工业化理念指导特色农业的发展，实现产业化经营，形成在国内、国际市场具有一定竞争力的特色农业产业链，提高特色农产品整体竞争力。以特色农产品基地建设为基础，大力培育、引进和发展有实力的龙头企业，积极扶持和培育一批有带动能力的农民合作经济组织，提高农民组织化程度，并从财政、信贷、税收和科技等方面给予农业产业化经营一定的支持。最大限度地挖掘农业资源系统内在潜力，充分发挥农业资源效益，发展标准化、规范化、商品化的产业化生产基地。积极培育一批有实力的国家级和自治区级的产业化龙头企业，不断提高特色农业产业发展能力。

6.3.4 科技人才支撑战略

围绕特色农业资源的开发与利用，加强贮藏保鲜加工技术、新产品研发技术、科学种植和生产技术等，加强特色农业科技研发与技术创新，增强科技成果转化能力，加速农业实用技术和高新技术的推广应用，努力转变农业生产经营方式。针对新疆特色农业发展需要，引进和培育一批农业技术人员，加快区域性农业科技创新步伐，大力推广农业新技术、新成果、新品种的开发和应用，不断提高特色农业发展的科技含量，突破特色农业发展技术障碍。在加强特色农业技术的推广与普及工作的同时，强化农民培训和教育，把传统实用技术与高新技术结合起来，提高广大农民的科学文化素质和创业创新能力，培养一大批懂技术、善经营、会管理的农村实用人才。

6.3.5 外向型农业带动战略

大力推进现代化、规模化、标准化和集约化的外向型农业发展。充分发挥新疆向西开放的地缘优势和便捷的陆路口岸运输条件，积极面向国际和国内两个市场，以中亚市场为目标市场，积极开拓欧洲、俄罗斯等其他相毗邻的国际市场，在更高层次、更宽领域上加强与这些国家和地区在农业领域的交流及合作，逐步实现大农业的全方位发展。进一步加强特色农产品出口基地建设，加快改善和提高特色农产品储藏、保鲜、运输条件。以科技为支撑，重点发展加工番茄、特色林果等劳动密集型农产品生产，引进和培育一批外向型龙头企业，提高企业的精深加工能力，带动区域经济发展和农产品出口能力建设，将新疆建成面向中亚最大的农副产品生产、加工、贸易和集散中心。

6.3.6 农业安全战略

确保新疆粮食安全、特色农产品质量安全、特色农业生态安全。首先，要在粮食生产“区内平衡、略有结余”的基础上，逐步建成国家重要的粮食生产后备基地，树立大食品观念，提高粮食安全水平。其次，适应农产品绿色、安全消费的要求，以农业标准化生产为切入点，加快建立与国际和国内市场相适应的现代农产品质量安全标准体系、检验检测体系、认证体系。第三，推行良性循环的生态农业，加强农田生态环境的综合治理和农业灾害防御体系建设，确保新疆特色农业发展的生态安全。

6.4 新疆特色农业发展方向与发展目标

6.4.1 特色大宗农作物

（1）棉花。新疆是我国最大的优质棉生产基地和国内唯一的长绒棉生产基地，并被国家确定为棉花优势产业带，棉花的播种面积、总产量、单产、外销量、收购量均居全国第一。新疆棉花以原棉品质高、色泽好、纤维长而著称，是我国高品质棉纺织工业的主要原料和主要出口产品。在我国棉花产业发展和新疆农村经济发展与农民增收中起着不可替代的作用。

1）发展方向：以市场为导向，加强良种繁育与新品种选育工作，加快优质专用品种的推广应用步伐，重点加大棉花强力、抗病、抗逆性品种的育种力度，全力推进棉花高密度栽培＋膜下节水滴灌为主的先进实用技术和精量播种技术，主攻原棉“一致性”和“三丝”问题。加强优质棉出口基地建设，继续加大推广低成本、高产出、优质、高效栽培技术以及病虫害防治技术和测土配方施肥技术，推进棉花生产技术与产品的标准化。加强棉花质量安全管理，建立健全相关质量和技术标准，增强新疆棉花在国际、国内市场上的综合竞争力。

2）发展目标：继续保持新疆棉花在全国的优势地位，依据市场需求，优化调整棉花内部结构，积极发展优质中绒陆地棉、长绒棉、中长绒棉等优质专用棉品种。力争到 2015 年，棉花播种面积稳定在 $1\ 333.33\times10^3\text{hm}^2$ 左右，平均单产 $1\ 950\text{kg/hm}^2$，总产量 $260\times10^4\text{t}$ 以上，达到并保持 $300\times10^4\text{t}$ 棉花生产能力。

3）区域布局：按照集中连片的原则，以生态建设为基础，进一步调整完善棉花区域布局，重点建设南疆优质陆地棉区和长绒棉区以及北疆、东疆优质陆地棉区。

南疆优质陆地棉区优先建设喀什地区的英吉沙县、岳普湖县、疏附县、泽普县、叶城县、伽师县、疏勒县、麦盖提县、巴楚县、莎车县，阿克苏地区的阿克苏市、新和县、温宿县、沙雅县、库车县、阿瓦提县，巴音郭楞蒙古自治州的轮台县、库尔勒市、尉犁县、和硕县、且末县，和田地区的洛浦县、墨玉县、和田县等 24 个市（县）。长绒棉区优先建设阿克苏地区的阿瓦提县、沙雅县，巴音郭楞蒙古自治州的库尔勒市，喀什地区的巴楚县、麦盖提县，吐鲁番地区的吐鲁番市等 6 个市（县）。中长绒棉区优先建设喀什地区的岳普湖县、麦盖提县、巴楚县、莎车县，阿克苏地区的阿克苏市、沙雅县、库车县，巴音郭楞蒙古自治州的库尔勒市、轮台县、尉犁县等 10 个市（县）。

北疆、东疆优质陆地棉区优先建设昌吉回族自治州的昌吉市、玛纳斯县、呼图壁县，塔城地区的乌苏市、沙湾县、和布克赛尔蒙古自治县，博尔塔拉蒙古自治州的精河县、博乐市，吐鲁番地区的吐鲁番市、托克逊县，哈密地区的哈密市，伊犁哈萨克自治州的察布查尔锡伯自治县、霍城县和克拉玛依市等 14 个市（县）。北疆中长绒棉区优先建设塔城地区的乌苏市和博尔塔拉蒙古自治州的精河县。北疆有机棉区重点建设塔城地区的和布克赛尔蒙古自治县。

（2）小麦。新疆具有日照长、干燥、昼夜温差大、小麦收获期降雨少等气候特点，与世界优质小麦生产大国加拿大、美国、澳大利亚有许多相似之处，有利于小麦蛋白质的积累。新疆小麦以白皮、容重高、含水量低、出粉率高而闻名，是新疆各族人民的主要口粮，也是新疆粮食安全的重要保障。

1）发展方向：根据国家粮食安全后备基地建设要求，加快调整粮食布局结构和品种结构，努力提高粮食综合生产能力和加工转化能力，促进粮食生产稳定增长。加大对优质小麦的品种培育及示范推广力度，按照市场化、产业化、优质化、专用化的要求，调整品种布局，优化品种结构，加速优质粮、专用粮的生产发展。加大科技推广力度，加快中低产田的改造和标准粮田建设步伐，积极推广高产、优质小麦新品种，加大测土配方施肥成果应用，大力推广有机肥，科学防治病虫害，积极促进小麦高产，努力形成优质稳产小麦生产基地。

2）发展目标：到 2015 年，小麦播种面积 2 000×10^3hm^2，平均单产 7 200kg/hm^2，单产水平比 2009 年增长 6%，生产能力保持在 1 300×10^4t～1 400×10^4t。其中，优质小麦播种面积稳定在 1 000×10^3hm^2，平均单产 6 000kg/hm^2 以上，产量达到

600×10^4 t 以上；强筋小麦播种面积达到 200×10^3 hm^2，中筋和中强筋优质小麦播种面积 666.67×10^3 hm^2。

3）区域布局：重点发展区域包括北疆的巩留县、尼勒克县、察布查尔锡伯自治县、木垒哈萨克自治县、奇台县、阜康市、昌吉市、巴里坤哈萨克自治县、伊宁县、新源县、昭苏县、特克斯县、霍城县、塔城市、额敏县、沙湾县、乌苏市、温泉县、青河县，南疆的轮台县、焉耆回族自治县、库车县、沙雅县、新和县、拜城县、阿瓦提县、阿克苏市、温宿县、喀什市、疏勒县、疏附县、岳普湖县、伽师县、巴楚县、麦盖提县、莎车县、泽普县、叶城县、阿克陶县、和田县、墨玉县、皮山县、洛浦县、策勒县等 44 个主产市（县）。

（3）玉米。玉米是新疆重要的饲料粮和工业原料粮。近几年来，新疆围绕畜牧业发展，玉米种植规模不断扩大，产量不断提高。然而，还存在着播种水平落后、优良品种推广力度不够、机械化收获水平低等诸多问题。

1）发展方向：积极推广“多熟制”栽培模式，提高复种指数，扩大夏玉米种植面积。加强农田基础设施建设，加快标准粮田建设步伐，积极推广高新节水栽培模式，加大测土配方施肥力度，提高农机化作业水平，不断改善玉米生产条件。加大玉米优良品种推广力度，积极推广饲粮兼用的优良品种，促进农业、畜牧业的健康发展。坚持合理密植，药剂拌种，适期播种，及时灌水，科学防治病虫害。

2）发展目标：到 2015 年，玉米种植面积扩大到 800×10^3 m^2，平均单产 9 000kg/hm^2 以上，产量达 720×10^4 t 以上，玉米精深加工企业大幅度提高玉米附加值，订单玉米面积达到

$133.33\times10^{3}hm^{2}$。

3）区域布局：重点在新疆平原区结合多熟制栽培技术的推广，建立夏玉米种植区，在北疆和南疆部分地区建立春玉米优势区。夏玉米种植区主要包括和田县、于田县、洛浦县、墨玉县、皮山县、阿克陶县、巴楚县、伽师县、疏勒县、英吉沙县、疏附县、莎车县、麦盖提县、叶城县、乌什县、温宿县、新和县、沙雅县、阿瓦提县、库车县、焉耆回族自治县、轮台县、霍城县、伊宁县、察布查尔锡伯自治县等25个县。春玉米优势区主要包括巩留县、新源县、尼勒克县、察布查尔锡伯自治县、温泉县、博乐市、昌吉市、呼图壁县、吉木萨尔县、奇台县、木垒哈萨克自治县、拜城县、叶城县、乌什县、莎车县、巴里坤哈萨克自治县、塔城市、额敏县、托里县、沙湾县、乌苏市等21个市(县)。

(4) 甜菜。新疆水土光热资源丰富，生产条件得天独厚，非常适宜种植甜菜，已成为我国最大、最有发展潜力的甜菜种植区，是我国重要的优质甜菜生产基地，甜菜单产、总产和产糖量均居全国甜菜产区首位。

1）发展方向：在现有种质资源、育种技术的基础上，针对新疆不同生态类型和育种需求，进行甜菜种质资源创新研究，创新选育甜菜育种新材料，加大甜菜抗病、高糖新品种的选育和推广力度。按照市场需求，大力发展订单生产，以提高含糖量为前提，加大科技推广力度，积极推广新品种、新技术，科学防治病虫害，努力提高产量和品质。

2）发展目标：到2015年，甜菜种植面积根据市场需求达到$106.67\times10^{3}hm^{2}\sim120\times10^{3}hm^{2}$，年生产甜菜$640\times10^{4}t\sim720\times$

10^4 t，制糖 80×10^4 t～90×10^4 t。

3）区域布局：根据国家优势农产品区域布局规划，结合新疆实际情况，重点发展伊宁市、伊宁县、霍城县、察布查尔锡伯自治县、新源县、特克斯县、尼勒克县、乌苏市、塔城市、额敏县、沙湾县、昌吉市、呼图壁县、玛纳斯县、奇台县、吉木萨尔县、木垒哈萨克自治县、博乐市、温泉县、和静县、焉耆回族自治县、博湖县、乌什县、拜城县、阿勒泰市、福海县、布尔津县等27个市（县）的甜菜主产区。根据制糖企业的布局和加工生产能力，在甜菜主产区建设2～4个甜菜生产基地。

（5）油葵。油葵油是一种优质保健油，已成为四大油料作物之一。2007年，新疆油葵种植面积 100×10^3 hm^2，占全国油葵种植面积的9%，平均单产2 625kg /hm^2，比全国单产水平高出990kg/hm^2，产量 30×10^4 t，占全国总产量的15%，位居全国第三位。新疆油葵以产量高、品质好、出油率高而优于其他食用油，油葵的栽培既不打农药，又很少施用化肥，是绿色食用植物油，在国内食用油市场上占有较大比例。我国是一个食用植物油和原料严重不足的国家，每年需进口一定数量原料榨油和直接进口食用油来满足需求。新疆油葵凭借资源、技术优势，今后具有进一步扩大国内市场份额、抵御进口的潜力。

1）主攻方向：适当扩大种植面积，加快新品种改良推广，以提高品质为重点，加强油葵生产管理，调整品种、降低成本、主攻单产、增加产量，进一步扩大新疆油品在国内市场的份额。依靠龙头企业推动油料生产的产业化经营，争创品牌，积极发展绿色保健产品。

2）区域布局：重点发展区域包括伊宁县、霍城县、特克斯县、昭苏县、新源县、奇台县、呼图壁县、吉木萨尔县、塔城市、额敏县、托里县、博乐市、温泉县、阿勒泰市、哈巴河县、布尔津县、福海县、青河县等18个市（县）。

3）发展目标：到2015年，油葵播种面积稳定在$133.33\times10^3hm^2$，油葵籽总产量达到42×10^4t。

6.4.2 特色林果业

（1）哈密瓜。哈密瓜是新疆传统的名优特产，具有较强的生产区域性。新疆光照时间长，昼夜温差大，造就了哈密瓜含糖量高、香甜多汁、口感细腻等独特的特点，是其他省（自治区）所生产的甜瓜无法媲美的，在国内外市场上享有较高的声誉和知名度。新疆哈密瓜主要销往北京、上海、广州等大城市，外销市场在日本、新加坡、泰国、印度尼西亚等国家和地区，价格明显高出国外同类产品。目前，国内、国际消费市场对哈密瓜的需求量不断增加，加之新疆哈密瓜在品质等方面的突出优势，新疆哈密瓜具备了抢占国际市场的竞争能力。

1）发展方向：优化品种和种植结构，积极培育商品性状优的新品种，加快主栽品种的更新速度，推行标准化生产，强化病虫害综合防治，大力发展绿色、精品哈密瓜，合理布局，形成早、中、晚熟相配套的生产供应格局，提高哈密瓜的品质和均衡供应能力，加大对下游产品的研发力度和产品储运力度。

2）发展目标：到2015年，哈密瓜种植面积达到$80\times10^3hm^2$，优质哈密瓜产量240×10^4t，优质商品瓜率达到90%。逐步实现新疆哈密瓜布局区域化、生产规模化、质量标准化及经营产业化。

3）区域布局：重点发展区域包括吐鲁番市、鄯善县、托克逊县、哈密市、伊吾县、昌吉市、呼图壁县、阿勒泰市、伽师县、岳普湖县、疏勒县、若羌县、轮台县、阿克苏市、温宿县、阿瓦提县、库车县、民丰县等 18 个市（县）。

（2）库尔勒香梨。库尔勒香梨是新疆传统的优势特色果品，具有极强的生长区域性，主要分布在塔里木盆地北缘东西长 860 千米、南北宽 60 千米的原产区域内，以皮薄、肉细、酥脆多汁、香甜爽口、营养丰富享誉国内外市场。新疆区域内其他地区和自治州也曾引种过库尔勒香梨，但果形、色泽、品质、风味都与原产地差距较大。国内市场主要销往北京、上海、广州、香港、深圳等大中城市，国外市场主要销往东南亚地区，开拓欧美市场的空间很大。

1）发展方向：以提高香梨在国际市场占有率为目标，主攻品质，稳定规模。加快建立香梨专业（标准）化、外向型商品生产基地，强化标准化生产和病虫害综合防治，大力发展绿色食品，创出品牌，扩大出口，积极确立库尔勒香梨在国际水果市场上的稳固地位。

2）发展目标：到 2015 年，建成优质库尔勒香梨生产基地 $66.67\times10^{3}hm^{2}$，有效株数 5 500 万株，产量 $100\times10^{4}t$，贮藏、保鲜和精深加工率达到 70%以上。把优势区域建成设施配套、管理规范、优质高产的“绿色”香梨生产基地，实现区域化布局、标准化生产、网络化销售、产业化经营的格局。

3）区域布局：集中发展区域包括库尔勒市、尉犁县、轮台县、库车县、沙雅县、新和县、阿克苏市、阿瓦提县、温宿县等 9 个市（县）。

（3）杏。新疆是杏的起源中心之一和我国三大杏产区之一。新疆杏属于李光杏亚种，多为肉、仁兼用品种，口感细腻，维生素含量高，甜酸适中，果皮光滑亮丽，不具绒毛，加工罐头和果脯等产品不需要脱绒处理，加工成本低，具有内地产品无法媲美的诸多品质特点。近年来，新疆杏产业发展迅速，在南疆地区培育了一批以杏为原料的果品加工龙头企业，生产的杏果浆、浓缩汁、杏仁油等产品以特有的健康、营养、多味等特点备受消费者青睐，显现出较强的市场潜力。

1）发展方向：以龙头企业精深加工为突破口，大力发展加工品种，主攻单产和品质。调整优化品种结构，合理搭配早、中、晚熟品种，加快优良品种更新。建立健全良种苗木繁育体系，加快专业化优质商品杏生产基地建设，积极推广普及优质、丰产、标准化栽培技术，提高生产基地建设质量和生产管理水平，提高单产和商品率。

2）发展目标：到 2015 年，优质杏种植面积稳定在$213.33\times 10^3 hm^2$，加工率达到 70%以上。重点发展加工品种，主栽品种为新疆地方优良品种，包括色买提、胡安娜、小白杏、黑叶杏、白油杏、佳娜丽等，满足龙头企业对杏加工原料的需求。

3）区域布局：重点建设 3 个杏产业区。一是南疆塔里木盆地北缘区，包括轮台县、库车县、拜城县、新和县、沙雅县、乌什县；二是塔里木盆地西南缘区，包括喀什市、疏附县、疏勒县、英吉沙县、莎车县、伽师县、叶城县、岳普湖县、皮山县；三是塔里木盆地东南缘区，包括和田市、和田县、墨玉县、洛浦县、于田县等。

（4）葡萄。新疆是我国最大的葡萄产区，也是世界上最适宜葡萄种植的区域之一，与法国波尔多葡萄产区处于同一纬度带，其中吐哈盆地是世界最优葡萄干产区。新疆葡萄具有品质好、单产高、营养丰富等特点，病虫危害轻，极少施用农药，具有生产绿色和有机葡萄的自然优势，国内其他葡萄产区无法媲美。随着人民生活水平的提高，对绿色、有机葡萄及葡萄酒等产品的需求不断增加，为新疆葡萄产业发展提供了广阔空间。

1）发展方向：稳定鲜食（兼制干）葡萄种植面积，积极扩大酿酒葡萄种植面积。以优化品种和品质结构为重点，积极与国内、国际市场接轨，加快引进优良无核鲜食和高档酿酒葡萄品种，大力发展绿色和有机葡萄生产，扩大中高档葡萄酒和葡萄干精深加工能力，推行“龙头企业＋基地＋农户”的产业化经营模式，努力提高新疆葡萄的质量和效益。

2）发展目标：到 2015 年，新疆优质葡萄种植面积$133.33\times10^3hm^2$，其中，鲜食（兼制干）葡萄种植面积稳定在$93.33\times10^3hm^2$，酿酒葡萄种植面积扩大到$40\times10^3hm^2$，产品贮藏、保鲜和加工率达到60％以上。

3）区域布局：鲜食（兼制干）葡萄优势区域包括鄯善县、吐鲁番市、托克逊县、哈密市、霍城县、伊宁县、昌吉市、玛纳斯县、呼图壁县、库车县、新和县、阿瓦提县、阿图什市、喀什市、叶城县、疏附县、疏勒县、和田县、墨玉县、皮山县、于田县等 21 个市（县），其中吐哈盆地的吐鲁番市、鄯善县、托克逊县以鲜食（兼制干）为主，其他市（县）以鲜食为主。酿酒葡萄优势区域包括玛纳斯县、昌吉市、呼图壁县、阜康市、沙湾县、乌苏市、焉耆回族自治县、和硕县、和静县、霍城县、伊宁县、察布查尔锡伯自治县。

（5）红枣。新疆昼夜温差大、光热资源丰富等得天独厚的气候条件，非常适宜红枣生长，且病虫害少，是生产无公害、绿色、有机红枣产品的理想基地。红枣经济价值高，市场竞争优势显著，国内外需求增量大，有着较大的发展空间。近年来，新疆红枣快速发展，种植面积、产量和人均消费量都不断增加，出口大幅度增长，已成为新疆农村经济的主导产业和农民增收的重要来源，是新疆"十一五"时期大力发展林果业以来增长最快的林果品种。目前，在市场机制的引导下，新疆红枣供不应求，一大批红枣加工企业以及经销公司和经销商落地新疆产地，不断提高加工转换和市场开拓能力，为加快新疆红枣产业发展奠定了良好基础。

1）发展方向：以提高产量、提高品质、提高效益、提高国内市场份额为目标，提高产品品质和商品一致性，加强采后处理和保鲜技术研发，开发新加工产品，开拓新市场。加强对引进品种和种苗的检疫性病虫害检疫管理工作，强化对重点病虫害的防治。健全红枣品质和安全标准的监督、管理机制，强化红枣产品的认证机制。

2）发展目标：到 2015 年，新疆红枣种植面积稳定在 $400\times10^3 hm^2\sim450\times10^3 hm^2$，产量达到 $300\times10^4 t$，绿色及有机红枣果品生产基地 $133.33\times10^3 hm^2$，形成红枣加工能力 $60\times10^4 t$，贮藏、保鲜和精深加工率达到 50%以上。进一步优化红枣品种结构，加强红枣采收商品化处理和贮藏、保鲜技术研发，扶持壮大龙头企业，推进标准化生产，形成生产、加工、营销一体化的产业链。培育红枣著名品牌，扩大红枣消费群体，积极开拓国际市场。

3）区域布局：集中发展区域包括南疆的阿克苏、喀什、和田、巴音郭楞4个地区和自治州红枣优势产业区，稳定东疆哈密大枣生产区。和田以发展骏枣为主，阿克苏发展灰枣、冬枣、金丝小枣等，巴音郭楞着力发展若羌县灰枣及且末县的赞皇大枣、灰枣等。

（6）核桃。新疆日照时数多，是核桃强光照、高积温果品生产的黄金地域。新疆核桃以其皮薄、个大、仁饱满、产量高而闻名全国。“十一五”以来，核桃种植规模迅速扩大，产量不断提高，已成为我国重要的核桃产区，对核桃主产区的农村经济发展和农民收入水平提高起到了很大的促进作用。

1）发展方向：按照连片布局、规模化发展的原则，采取地毯式嫁接、改良和清除低产园及低效园，彻底改变农民传统的稀植大冠种植方式，进行矮化密植改造，增加单位面积有效株数。继续推进“公司＋协会＋农户”的发展模式，提高核桃产品附加值，为农民快速、持续增收奠定基础。规范整合各专业合作社，鼓励有实力的企业渗透到华北、华东、华南等大中城市销售网络之中，逐步形成完善的营销网络。

2）发展目标：到2015年，新疆核桃种植面积稳定在$400\times10^3hm^2$，产量增加到120×10^4t，绿色及有机核桃果品生产基地$133.33\times10^3hm^2$，形成核桃加工生产能力20×10^4t。提高核桃加工企业加工能力和水平，引进国内外先进设备，提升核桃商品化处理能力和精深加工水平，提高核桃品牌建设和加工企业能力，稳定市场价格，促进新疆核桃产业持续、稳定、快速发展。

3）区域布局：新疆核桃区域布局已经基本形成，集中分布在环塔里木盆地南疆的和田、喀什和阿克苏地区。主栽核桃品种有薄皮核桃和库车12、库车17、温185、扎343、新丰、新星、新新2号等。

6.4.3 特色红色产业

新疆具有独特的水土光热条件，是加工辣椒、加工番茄等为代表的红色产品最佳种植区域之一，并以其独特的使用价值闻名海内外。新疆红色产业发展应以效益为中心，提高市场竞争力，在稳定红色产品播种面积的同时，加大基地建设力度，形成稳定的生产能力，强化规模化、专业化生产和产业化经营，积极实施名牌战略，在做强国内市场的基础上做大国外市场，优化产品结构，提高新产品的科技创新能力，稳固龙头企业的地位。

（1）加工番茄。新疆是全球最适宜番茄生长的地区之一，与美国加利福尼亚州河谷地区、地中海地区并称全球番茄种植和加工的三大中心。新疆加工番茄红色素、谷维素含量高，霉菌少，黏度好，是加工番茄制品的上等原料。新疆番茄加工业已形成了以屯河、中基、天业3家上市公司为主的一批番茄酱加工出口企业群，建成番茄加工生产线151条，年加工能力达到85×10^4t，约占全国番茄加工总能力的90%，从而使我国成为继美国、意大利之后的世界第三大番茄制品生产国，番茄制品市场前景十分广阔。

1）区域布局：重点发展北疆准噶尔盆地南缘和南疆焉耆盆地两大优势区域。准噶尔盆地南缘区包括昌吉市、玛纳斯县、呼图壁县、吉木萨尔县、乌苏市、沙湾县等地。焉耆盆地种植区包括博湖县、焉耆回族自治县、和静县等地。积极推进拜城县、乌什县等新产区发展。

2）主攻方向：继续巩固新疆加工番茄生产和加工在国内外市场上的龙头地位。围绕龙头企业加快建设稳定的原料生产基地。按照品种良种化、灌溉工程化、种植科学化、产品有机化的要求，加快实施种植技术标准化，大力推广滴灌、喷灌等先进灌溉技术，强化病虫害综合防治，实现原料供应期达到 90d 以上，为企业提供充足、均衡优质的加工原料。加工企业实现设备现代化、管理规范化、市场运作信息网络化，使整个产业跻身国际先进行列。

3）发展目标：到 2015 年，新疆加工番茄种植面积达到 $100\times10^3 hm^2$，年生产加工番茄原料 $750\times10^4 t$，加工番茄制品 $125\times10^4 t$，力争年度销售率达到 95%，实现原料供应期达到 90d 以上。

（2）加工辣椒。新疆加工辣椒具有色红、味纯、红色素和脂肪含量高、病虫危害少等特点，尤其适合提取辣椒精、色素等。新疆加工辣椒主要分三类，一是加工用鲜椒，主要用于加工辣椒酱等产品；二是色素辣椒，主要销往内地；三是制干辣椒，产品在新疆内外销售。近年来，在市场引导下，新疆加工辣椒种植规模、产量、市场占有率不断扩大，2009 年新疆地方加工辣椒种植面积达 $26.4\times10^3 hm^2$，创历史新高。

1）区域布局：重点发展区域包括焉耆回族自治县、和静县、博湖县、和硕县、沙湾县、奇台县、吉木萨尔县、阜康市、昌吉市、麦盖提县、泽普县、疏附县、英吉沙县、吐鲁番市、托克逊县、鄯善县、温宿县、库车县、和田县、墨玉县、洛浦县等 21 个市（县）。

2）发展方向：以市场为导向，壮大龙头企业，积极扩大种植面积，优化品种结构，加快标准化生产步伐。

3）发展目标：到 2015 年，新疆加工辣椒种植面积 $80\times10^3 hm^2$，鲜椒总产量达到 $240\times10^4 t$ 以上，加工率达到 60%以上。

6.4.4 其他特色经济作物

（1）香料。天然香料生产具有投资见效快、附加值高、出口创汇强、市场需求大等特点，颇具市场潜力。我国是天然香料的生产大国，品种资源丰富，有些产品已居世界前列，其中薄荷油、桉叶油、山苍子油、桂油、茴油等产量已居世界第一。新疆与世界天然香料生产大国西班牙、法国同处北纬 30°～45°区域，是全球最适合芳香植物生长的区域之一，也是我国主产区之一，具有种植香料作物得天独厚的地理、气候条件和水土光热资源。新疆种植的薰衣草、薄荷等芳香植物中的芳香油和有效成分含量均高于内地，玫瑰花也广泛应用于酿酒、制玫瑰糖酱、入维药、花茶等。

1）发展方向：引进和选育优良品种，加快基地建设，推广标准化生产，推进产业化经营，壮大龙头企业，深度开发利用，提高终端加工产品竞争力。

2）发展目标：到 2015 年，香料作物种植面积达到$106.67\times10^3 hm^2$，其中孜然种植面积 $93.33\times10^3 hm^2$，总产量 $10\times10^4 t$；芳香植物种植面积 $13.33\times10^3 hm^2$，生产各类芳香植物精油 200t，芳香植物抗氧化剂 100t，建成亚洲最大的草本芳香植物种植、生产、加工基地。

3）区域布局：焉耆盆地的和硕县、和静县、焉耆回族自治县发展薰衣草、迷迭香、百里香、牛至、西洋甘菊、鼠尾草、留兰香、柠檬马鞭草等 8 个系列名贵芳香植物。

和田地区的于田县、和田市、和田县、墨玉县、洛浦县发展玫瑰花种植。

伊犁河谷的霍城县、伊宁县、察布查尔锡伯自治县发展薰衣草、薄荷等。

安息小茴香（孜然）发展区域集中在托克逊县、莎车县、伽师县、岳普湖县、叶城县、泽普县、麦盖提县、疏勒县、疏附县、巴楚县、英吉沙县、焉耆回族自治县、博湖县、和田市、和田县、墨玉县、洛浦县、库车县、阿瓦提县等地。

（2）啤酒花。新疆日照长，昼夜温差大，生态条件十分适宜啤酒花生长。新疆啤酒花栽培范围广，目前年产量已超过 1 万 t，约占全国总产量的 80%。所产啤酒花花体大、花粉多、色泽好、香味浓、油性强、杂质少，特别是啤酒花的主要有效成分甲酸含量高，在世界名列前茅，深受国内外加工企业欢迎。近年来，新疆啤酒花已被国内 1 000 多家啤酒厂选用，而且出口西欧、日本等 20 多个国家和地区，新疆也被列为我国啤酒花生产和出口的主要基地。

1）发展方向：积极引进、开发优良品种，加大优质苗木的繁育和供应，加强田间管理，提高产品品质和商品型，加大产品加工力度，建立产业发展体系。

2）发展目标：到 2015 年，新疆啤酒花种植面积达到 $6.67\times10^3 hm^2$，产量 $2.7\times10^4 t$。

3）区域布局：重点发展区域包括塔城市、额敏县、察布查尔锡伯自治县、霍城县、福海县、奇台县、博乐市、拜城县等地。

(3)打瓜。打瓜是西瓜的一种，籽仁营养丰富，具有很高的食用和经济价值，尤其是在欧洲及东南亚地区深受欢迎，打瓜籽加工产品市场广阔，畅销国内和国际市场。新疆属干旱、半干旱气候，丰富的光热资源条件以及土壤条件十分适合打瓜的生长，新疆打瓜栽培时间长，经验丰富，面积和产量逐年提高，现已成为我国打瓜主产区之一。

1)发展方向：积极引进、开发优良品种，做好技术培训、推广，加强田间管理，提高产品品质和单产。

2)发展目标：到2015年，打瓜种植面积达到 $186.67\times10^3hm^2$，打瓜籽产量 22×10^4t。

3)区域布局：重点发展区域包括额敏县、塔城市、奇台县、哈巴河县、福海县等地。

(4)食用菌。新疆昼夜温差大，有利于多种类食用菌生长。新疆境内地形、地貌种类多样，气候垂直分布特征明显，有平原和较大面积的山区逆温带，可以依托气候差异，大力发展特色食用菌产业。在平原地区发展草菇等高温型菌类，在城市郊区发展中高档菌类，在山区逆温带发展反季节菌类，生产阿魏菇、双孢菇等中低温型菌类，填补夏季国内食用菌市场空白。同时，新疆每年产生大量的农作物秸秆、棉籽壳以及野生牧草可为食用菌生产提供丰富的培养料资源，干燥的气候条件使菌类生产不易受到杂菌污染，可不用或少用农药，产品品质好，具有较强的市场开拓能力。

1)发展方向：优化产品结构，扩大生产规模，提高产品质量，降低生产成本，推进产业化经营，增加农民收入。

2）发展目标：以建立中国西部天山食用菌产业基地、构建天山北坡食用菌产业带为目标，到2015年，双孢菇生产面积达到1×10^3 hm^2，阿魏菇9 000万袋，草菇等其他菇类生产面积达到2×10^3 hm^2，各类食用菌总产量达到14×10^4 t。

3）区域布局：木垒哈萨克自治县、青河县、富蕴县、奇台县、吉木萨尔县重点发展阿魏菇生产，米泉市重点发展双孢菇生产，乌鲁木齐市、昌吉市、阜康市、呼图壁县等城郊农业区积极增加新品种，大力发展茶树菇、杏鲍菇等中高档食用菌生产。

（5）孜然。新疆干燥、少雨的气候条件，使生产的孜然具有粒大饱满、香味纯正、芳香油含量高等特点，是加工精油和调味品的上等原料，深受消费者青睐，市场销路好。近年来，新疆孜然种植面积逐年扩大，已经成为全国重要的生产区，集中分布在喀什、吐鲁番、巴音郭楞、和田等地，成为当地优化农业结构、实现农民增收的新亮点。

1）发展方向：加快良种选育，推广标准化生产，提高单产和品质，推进产业化经营。

2）发展目标：到2015年，全区孜然种植面积达到93.33×10^3 hm^2，总产量达到10×10^4 t。

3）区域布局：重点发展区域包括莎车县、伽师县、岳普湖县、叶城县、泽普县、麦盖提县、疏勒县、疏附县、巴楚县、英吉沙县、托克逊县、焉耆回族自治县、博湖县、和田市、和田县、墨玉县、洛浦县、库车县、阿瓦提县等地。

6.4.5 特色中草药

新疆野生药用植物资源丰富，有151科、1 721种、727味，其中对全国药材市场供应影响较大的有麻黄、甘草、大芸、雪莲等十几种。特别是通过多年科技攻关，雪莲、大芸等特色中药材人工驯化种植成功，为新疆大力发展特色中药材种植奠定了基础。人工种植中药材既可获得高收益，又可以增加荒漠植物覆盖度，具有良好的经济、社会和生态效益。如大芸，学名肉苁蓉，具有很高的营养成分和药用价值，同时人工种植大芸要寄生在柽柳（又名红柳）和梭梭根部，也带动了红柳和梭梭种植面积的扩大，改善了生态环境。新疆麻黄种植面积、产量和种类位居全国之首，且左旋麻黄素含量高，是我国左旋麻黄素主产区，也是新疆出口创汇的主要医药产品。新疆甘草种类多，种植面积和产量居全国第一，甘草不仅是重要的药材，还广泛应用于食品和轻工业。雪莲具有消经活血、暖宫散瘀、散寒除湿和强筋助阳的功能，是新疆极具地方特色和神秘色彩的特色中药材资源，在全国也享有很高声誉。

1）发展方向：扩大人工种植规模，培育壮大龙头企业，延伸产业发展链条，提高加工转化能力。

2）发展目标：到 2015 年，新疆人工特色中药材种植面积达到 $53.33\times10^3hm^2$。其中，大芸 $26.67\times10^3hm^2$、麻黄 $12\times10^3hm^2$、甘草 $13.33\times10^3hm^2$、雪莲 $1.33\times10^3hm^2$。

3）区域布局：大芸重点发展区域包括民丰县、于田县、策勒县、皮山县、墨玉县、洛浦县、和田市等红柳大芸生产基地以及乌苏市、和布克赛尔蒙古自治县梭梭大芸生产基地。麻黄重点发展区域包括和硕县、和静县、托克逊县等地。甘草重点发展区域包括尉犁县、和硕县、博湖县、沙雅县、阿瓦提县等地。人工雪莲重点发展区域包括特克斯县等地。

6.4.6 特色畜牧业

（1）牛奶。新疆是传统的畜牧业大区，具有发展奶牛业的技术人才。新疆草场丰美，是我国畜牧主产区之一。2009 年，全区牛奶产量 227.33×10^4t，较“十五”末期增长 49.3%，实现了供求基本平衡、丰年有余。

1）发展方向：着力构建现代奶业体系，依靠科技进步与创新，大力提高综合生产能力、抗风险能力和市场竞争能力，全面提升现代化水平。

2）发展目标：到 2015 年，全区奶牛存栏达到 350 万头，奶类总产量超过 450×10^4t。初步建立满足现代产业发展要求的牧业生产支撑保障体系，全区畜、禽良种化率均达到 80%以上，商品牛奶加工率达到 80%以上，纳入畜牧业产业化经营的养殖户比例达到 70%以上，全区畜牧业科技成果转化率达到 50%以上。

3）区域布局：以天山北坡、伊犁河谷、塔额盆地、焉耆盆地以及哈密地区和阿勒泰地区为重点，全区建设 50 个存栏 1 万头以上高产奶牛的重点市（县），200 个存栏 1 000 头以上高产奶牛的重点乡（镇、场）和养殖基地。

（2）羊肉。新疆是传统的畜牧业大区，是我国畜牧主产区之一，其独特的地理条件和丰富的草场资源，非常适合肉羊的生产。全区畜禽良种繁育能力和品种改良技术服务能力显著提高，2009 年全区绵羊良种率达 67%，分别较“十五”末期提高了 6.1 个百分点。

1）发展方向：着力构建现代优质羊肉产业体系，依靠科技进步与创新，大力提高综合生产能力、抗风险能力和市场竞争能力，全面提升现代化水平。

2）发展目标：到 2015 年，全区年出栏优质肉羊 5 000 万只，羊肉产量达到 100×10^4 t。初步建立满足现代产业发展要求的牧业生产支撑保障体系，全区良种化率达到 80%以上，肉品精深加工率达到 30%以上，纳入畜牧业产业化经营的养殖户比例达到 70%以上，全区畜牧业科技成果转化率达到 50%以上。

3）区域布局：以伊犁河、额尔齐斯河以及南疆、北疆、东疆铁路沿线为重点，建设 50 个年出栏优质肉羊 30 万只以上的重点市（县），200 个年出栏优质肉羊 10 万只以上的重点乡（镇、场）和养殖基地。

（3）细羊毛。新疆是我国畜牧主产区之一，其独特的种质资源和生产条件，非常有利于生产优质的细羊毛。全区畜、禽良种繁育能力和品种改良技术服务能力显著提高，2009 年全区山羊良种率达 66%，分别较“十五”末期提高了 9 个百分点。

1）发展方向：着力构建现代优质细羊毛产业体系，依靠科技进步与创新，大力提高综合生产能力、抗风险能力和市场竞争能力，全面提升现代化水平。

2）发展目标：初步建立满足现代产业发展要求的牧业生产支撑保障体系，全区良种化率达到 80%以上，纳入畜牧业产业化经营的养殖户比例达到 70%以上。

3）区域布局：以伊犁、塔城、博尔塔拉、昌吉、阿克苏、巴音郭楞为重点，建设 20 个存栏 10 万只以上优质细毛羊的重点市（县），全区细羊毛产量稳定在 2×10^4 t 以上。

6.4.7 特色水产养殖

冷水鱼。新疆有高山湖泊 $222.47\times10^3\text{hm}^2$，山泉水 $28\times10^3\text{hm}^2$，冷水资源丰富。目前，新疆鲑鳟鱼类养殖水平已达到国内同等水平，赛里木湖高白鲑、福海野鱼和博斯腾湖鱼类等均已通过有机食品和绿色食品认证，冷水鱼养殖前景广阔。

1）发展方向：促进冷水渔业资源开发与合理利用，调整养殖结构，增加养殖者收入，用现代科学技术改造渔业，用现代产业体系提升渔业，用现代经营形式发展渔业，面向国内国际市场，推进新疆冷水渔业优势资源转换，加快新疆渔业发展。

2）发展目标：到 2015 年，全区冷水鱼产量达到 $4\times10^4\text{t}$，综合产值 28 亿元，增加 1.5 万人就业，带动 1 万农户年均增加收入 2 万元。由此带动饲料、水产品加工、运输、销售以及休闲渔业、旅游、餐饮服务业等产业发展。

3）区域布局：重点发展乌鲁木齐县、莎车县、温宿县、乌什县、温泉县、福海县、阿勒泰市、布尔津县、伊吾县、阿合奇县、克拉玛依市、阜康市、裕民县、和静县、新源县、哈巴河县以及阿克苏河、恰甫其海、赛里木湖的特色冷水鱼。

7　新疆特色农业发展的主要措施和政策建议

7.1　围绕主导产业，着力加快特色优势农产品基地建设

特色基地建设是与资源特点相适应的区域经营格局形成的基础。基地也是龙头企业的第一车间，有了好基地，才能引来好的龙头企业，形成基地与龙头企业良性互动的产业化发展格局。新疆特色农业发展要立足区域农业资源优势和市场需求，在确保粮食安全的前提下，进一步合理调整和优化农业结构，以发展优势特色农产品为重点，加快优势特色农产品产业带布局与基地建设，着力推进特色农产品优质化、品牌化、标准化、规模化进程，积极培育新兴产业，使优势特色农产品生产基地面积持续稳定扩大，促使特色农业发展取得明显成效，不断提高经济效益和市场竞争力。

当前主要的基地建设工作有：巩固全国最大的优质棉基地，积极推进优质棉基地建设工程，进一步建设现有 38 个优质棉基地县，稳规模、上档次，建成 $800 \times 10^3 hm^2$ 优质棉生产基地。建成林果园艺基地和具有区域特色的无公害农产品、绿色食品基地，使林果园艺业成为农村经济发展的增长点。大力推进绿色食品原料标准化生产基地创建工作，加速优质果品规模化、专业化

生产，抓好 26 个特色果品基地县建设，围绕环塔里木盆地特色林果产业带发展，按照基地建设要求，大力创建核桃、红枣、苹果、香梨、杏等生产基地，通过基地建设和企业带动，逐步培育特色林果产业带和产业加工集群，提升林果产业发展水平。进一步加强红色产品基地建设，确保红色产业原料供应，重点加强额敏县红花基地，玛纳斯县、呼图壁县、乌苏市、沙湾县番茄生产基地，精河县枸杞基地，石河子市胡萝卜生产基地的建设力度，提高基地综合生产能力。此外，还要加快培育和发展一批现代化养殖大户，建成重要的畜产品基地。依托口岸和国际市场，建起多村一品、区域连片、规模经营的果菜出口基地。

在加强优质特色农产品基地建设方面，各级政府应多方筹集资金，采取特殊的政策和措施，在技术、物质投入、金融信贷、政策保障等方面对优质特色农产品基地建设给予优惠。调整投资结构，建立财政支持特色农业发展的资金稳定增长机制，逐年增加各级财政的预算内投入，支持优质、高效特色农产品基地建设。深化农村金融体制改革，根据特色农产品基地建设周期长的特点，鼓励银行扩大对农户小额信用贷款，增加贷款额度，延长贷款期限。同时，自治区应加快建立特色农业产业化发展风险基金，增加特色农产品基地建设的政策性补贴，采取自治区财政补一点、地方财政筹一点、农民自己出一点的办法，鼓励农民参加保险。采取财政补贴的办法，支持特色农业主产区建设高标准优质苗木基地、畜种培育基地、优良品种采穗圃和种质资源汇集圃，加快优良品种培育和引进。积极实施特色农业区域布局优化工程，品种结构调优工程，产品提高品质、农民增收、农业增效工程，推进优势资源向优势区域集中。

7.2　鼓励规模集约经营，积极培育扶持特色农业产业化龙头企业

按照区域比较优势和最适生态原则，着力调整产品结构，优化区域布局，按照“自愿、依法、有偿”的原则，通过土地有序流转，形成一批规模经营的种植大户和家庭农场、养殖大户和家庭牧场，促进优势特色农业向规模化、集约化方向发展。同时，以现代农业示范园区为载体，积极引导和推进优势特色种植业向优势区域和现代农业示范园区集中。在此基础上，大力扶持集生产经营、科研开发为一体的农业产业化龙头企业和企业集团，切实发挥农业产业化龙头企业在构筑农业产业化经营体系中的核心地位。

按照优势特色农产品基地建设目标和布局，围绕主导产业、特色产品基地和现有企业基础，按照“扶强扶优”的原则以及“用工业化理念谋划农业”的思路，重点培育和扶持能带动本地区支柱产业发展、辐射面广、带动力强、有较强市场竞争力的加工型骨干龙头企业。每个优势特色产业要精心培育1～2家具有市场竞争力、科技创新能力强、品牌塑造好的龙头企业，带动特色产业发展，增强龙头企业对基地和农户的带动作用。

具体举措：一是要制定财政、金融、外贸进出口、税收和上市融资等优惠政策，支持龙头企业的培育引进、技术改造、新产品开发以及销售网络建设。二是要加大招商引资力度，着力引进知名企业投入新疆特色农业基地建设。三是应优先支持天山北坡龙头企业发展，建设高水平的加工企业，带动基地向优质化、规

模化方向发展，对纺纱、番茄制品、葡萄酒、胡萝卜加工等有高科技含量的加工企业，在继续创造条件保持技术领先的同时，引导其提高管理水平，不断扩大生产规模。四是鼓励和支持龙头企业创建品牌，创建国家驰名商标、自治区著名商标，以品牌促进特色产业发展。五是扶持外向型农业产业化龙头企业发展，加快农产品出口基地建设，提高农产品出口创汇能力。六是在体制上要打破部门所有、行业垄断、地区分割的局面，支持有实力的企业兼并、收购、重组新疆加工企业中的弱势企业，实现龙头企业的低成本扩张。七是建立利益协调机制，引导龙头企业通过预付定金、利润返还、保护价收购、系列化服务等形式，形成与广大农户利益共享的特色农业产业化发展格局。

7.3 进一步加大科技创新力度，增强特色农业产业化动力

新疆农业发展属典型的绿洲农业，农业与工业、与生态争地争水的现象和矛盾突出。因此，依靠科技进步，加快农业科技创新，提高特色农产品质量和效益及特色农业开发水平，对新疆农业可持续发展非常重要与迫切。

第一，继续多渠道引进和推广优质、高效的优良种子、种畜、种苗，选育、引进和推广符合市场需求的优质、高效、抗病（虫）和具有新疆特色的优良新品种，提高良种在增产、增收中的科技贡献率。

第二，加强和完善特色农业技术推广体系，积极推广农业先进实用技术，重点推广优质、特色农产品配套栽培技术和养殖技

术，特色农产品精深加工及综合利用技术，特色农产品贮藏、保鲜、包装技术，以节水灌溉为重点的降耗、增效技术，以生物措施为重点的高效、安全、生物农药及生物防治技术和生态环境建设技术。加强农业高新技术的推广应用，重点是生物技术、信息技术、工程技术，加强特色农产品加工、包装、贮藏，提高科技含量，增强市场竞争力。

第三，建立以政府为主导、生产经营者为主体、社会力量广泛参与的多元化农业科技创新体系，提升发展特色农业的科技支撑能力。促进特色农业科技体制创新，鼓励农业科技人员承包、自办、领办特色农产品开发实体。鼓励龙头企业积极创办新产品、新技术研究所，自治区科技“三项”费用要给予大力支持，对取得重大成果的要给予奖励。建立高新特色农业科技引进、开发、示范园（区），使之成为试验示范基地、优良种苗繁育基地、实用技术培训基地。

第四，加强农村科技培训，大力发展农村职业技术教育，形成高等农业职业教育、中等农业职业教育及农村实用技术培训的多层次农业职业教育体系。建立健全农业科技网络，稳定农业科技推广队伍，深化农技人员“捆绑式”蹲点服务，充分发挥农民技术员的作用。对农业产业化干部、龙头企业厂长（经理）、农村专业大户，以产业化知识、现代企业管理和推广实用技术为主要培训内容。对普通农民，加强农民技术培训，充分利用农业广播电视教育，实施“科技进村入户工程”，开展新型农民培训、送科技下乡等活动，全面普及特色农业的种植、养殖、加工等实用技术，重点提高农民的劳动技能和科技素质，提高农民的自我发展能力。

7.4 切实加强特色农产品加工转换能力，拓展产业链条

新疆特色农产品资源繁多，但加工能力普遍较弱，尤其是林果产品的贮藏、保鲜、加工转化能力更是薄弱。2008年，环塔里木盆地果品总产量达276.96×10^4t，果品加工量仅为20.5×10^4t，加工率只有7.4%，与全国20%左右的加工率、发达国家80%左右的加工率相比，存在较大的差距。目前，新疆生产的特色农产品多以初级加工为主，精深加工及综合利用水平较低，质量不能完全适应国内外市场需求，缺乏市场竞争力，这些已成为制约新疆农村快速发展、农民有效增收的瓶颈。新疆要解决特色农业发展中的瓶颈问题，就要着力在发展思路和政策扶持方面下工夫。

第一，要用新型工业化发展的理念谋划特色农业发展，把特色农产品加工业作为自治区新型工业化建设的重要内容，大力推进特色农业产业化，加快发展特色农产品深加工，提升特色农产品加工转换能力，拓展产业链条，形成棉花、番茄、枸杞、啤酒花、胡萝卜、红花、酿酒葡萄、香梨、哈密瓜、石榴、杏、细毛羊、山羊绒、肉、奶等加工、贮藏、保鲜、运输体系，创立具有新疆特色的名牌农产品，提高农产品附加值和比较效益。继续发挥棉花优势，大力发展优质纱、优质布，积极开发特色棉织产品。大力发展番茄酱、果蔬饮料、葡萄酒等特色食品，应用先进技术开发新产品，提高产品档次，增强市场竞争力。

第二，要按照市场需求和国家产业政策，集中力量，有选择

地发展一批棉纺、肉、毛、奶、皮革、药材、烟草、果蔬饮料产品及保鲜、储运等为主的支柱产业和龙头企业，形成一批具有特色的产业集团，提高特色产品的规模效益和市场竞争力。对这些支柱产业和参与特色农产品精深加工的龙头企业要从政策上给予扶持，为其创造有利条件，支持现有龙头企业通过参股、控股、兼并、合并、租赁等形式，跨区域、跨行业、跨所有制进行资产重组整合，与国内外大型企业和跨国企业集团联姻，建设特色农产品加工园区。以园区为载体，开发以特色农产品为原料的高档保健品、化妆品、食用色素、花粉、生物制品等市场前景广阔、科技含量高的新兴特色农产品，增强新疆特色农产品的竞争力。

7.5 加强特色农产品质量与安全监管，建立和完善特色农业标准化体系

按照高产、优质、高效、生态、安全的要求，建立健全特色农产品质量安全监测体系、标准体系、认证体系、检验检测体系、执法体系，尽快修订和完善特色农产品质量标准、产地环境标准、生产技术规范，加强对特色农产品从农田到餐桌的全过程质量安全监测，增强监控手段。加快无公害、绿色、有机农产品认定和生产基地认证工作，提高特色农产品市场竞争力。

严格按照国家标准、行业标准和新疆地方标准，加快制定和完善特色农业标准化生产技术规程和质量标准，实行特色农业生产和农产品加工全过程的标准化管理。依托现有的农业服务体系，广泛开展标准的宣传、培训与示范，把标准落实到生产、加工、包装、贮藏等各个环节。加快落实特色农业标准化示范项目

进程，大力开展农业标准化生产基地创建工作，加快无公害生产基地认定和产品认证步伐，大力发展标准化生产、无公害生态农业和优质特色农产品。推行“公司＋农户＋标准化”方式，推进区域内种植和养殖龙头企业、专业合作组织等率先实行标准化生产、投入品登记，加快与国际市场接轨。

推进特色农产品品牌创建工作。按照农业部《关于进一步推进农业品牌化工作的意见》（农市发［2006］7号）有关规定，努力打造新疆名优品牌，积极开展无公害特色农产品、绿色食品、有机食品的认证工作，开展产地认证，加大地理产品保护工作。广泛参加国家、自治区各类名牌特色农产品的评选和推介活动，尽快创建一批在全国、自治区内有影响的名牌特色农产品。

7.6 加强市场流通体系建设，着力特色农产品市场开拓

市场建设是产业经营的重要组成部分，其吸附和辐射能力直接影响着特色农业基地建设、龙头企业加工和整个产业链的运转，是实现企业与农户利益共享的关键所在。目前，重点是要强化市场意识，建立起完整的市场营销体系，着力特色农产品市场开拓。

第一，要由农业、畜牧、林业、供销、外贸、内贸、工商、气象等部门联合，加快建立有权威的农产品市场信息搜集、发布系统，尽快建立新疆农产品市场信息网，通过其网络建设和运行，使各级农业部门以及农户能够掌握各类农产品新疆内外的供求状况和变化趋势，引导农民以市场为导向，进行结构调整，避

免盲目性。

第二，要鼓励和支持各种经济成分多形式建设特色农产品交易市场，重点完善和建设具有区域特色的干鲜果品、药材等大型特色农产品专业市场和区域批发市场，发展综合性农产品交易市场，形成农产品市场网络。以乌鲁木齐市为中心，把乌鲁木齐建设成为外联国内外的重要农产品市场、内联自治区内各专业和综合批发市场的国际性商贸城。

第三，要瞄准区内、区外、国外三大市场，加强特色农产品外销平台建设工作，适时在区内和区外开展多种形式的特色农产品推介、交易、展销、促销活动，组织农产品龙头企业和名牌产品企业举办各种展销会、订货会、展示会，扩大市场半径，提高特色农产品的知名度和市场占有率，多层次拓展市场。积极发展现代营销业，扩展农产品销售服务平台，促进各类农产品和市场的进一步对接。

第四，要加强信息采集，搭建信息平台，依托大型专业农产品批发、零售市场，建设农产品市场信息服务体系。积极探索农产品产销直挂、连锁经营、配送中心等新的现代流通方式，适时推行网上营销，形成方便、快捷、高效的信息服务体系，结合信息体系建设，把信息服务延伸到农村、农户。

第五，要树立商标、品牌意识，挖掘特色农产品品牌资源，引导并组织各地开展特色农产品的商标注册、专利申请，帮助农业产业化龙头企业争创著名商标和驰名商标。

第六，要加强营销队伍建设。加大农民经纪人培养力度，加快建设一批高素质的现代专业营销队伍，全方位拓展农产品市场，充分发挥农产品营销队伍在开拓农产品市场中的主力军作用。

7.7 加大管理与扶持力度，建立健全特色农业产业化经营运行机制

加强和改进政府对特色农业产业化经营工作的领导和管理。首先，要强化特色农业产业化组织领导，建议成立自治区特色农业产业化协调领导小组，负责全区特色农业产业化工作的规划、管理、指导、协调等工作，并建立相应的工作制度。各地区和自治州以及市（县）也要健全相应的组织，明确职责，确保各项工作措施落实到位。其次，实行主导产业部门牵头负责工作制度，各牵头部门要加强组织领导，可以按照“一个主导产业、一个行业协会、一批龙头企业、一批生产基地”的发展思路，建立工作班子，制订发展规划，完善协调机制，强化工作责任，落实工作措施。在此基础上，还可以进一步实行主要领导分工联系主导产业和领导干部联系龙头企业制度，帮助解决主导产业、龙头企业发展中存在的困难和问题，以促进主导产业和龙头企业健康发展。在组织构建的基础上，各级政府要根据中央、自治区、地区（自治州）的有关要求，制订完善农业产业化发展规划，做好特色农业产业化发展规划编制工作。同时，各地要依据新形势的发展要求，制定相关的实施意见和管理办法，以一定的措施保障本地特色农业产业化工作的有序推进。此外，政府还要加强对特色农业产业化龙头企业的监测管理，及时制订或修订完善特色农业产业化龙头企业认定标准，建立竞争、激励和淘汰机制，对符合条件的及时给予认定，并实行年度考核与监测评价制度，做到有

进、有出，实行动态管理。

加大政策支持与服务力度。政府要制定优惠政策，加强引导和改善服务，加大对特色农业发展的扶持力度，为特色农业产业化龙头企业发展构筑新的发展平台和空间，营造有利于特色农业产业化发展的环境。一要加大对特色农业招商引资的支持力度。围绕主导产业，积极引进培育一批市场竞争力和带动力强的龙头企业。大力引进农产品深加工企业，发挥农产品加工业示范基地的辐射带动作用。对带动地方经济发展的特色农业产业化招商引资项目，除享受工业领域招商引资优惠政策外，在土地、税收、奖励政策等方面给予更为优惠的待遇。二要加大对特色农产品精深加工业、特色农产品专业批发市场和市场体系建设的扶持力度，对地级以上农产品生产、加工、流通领域龙头企业申报的项目，要在政策上给予倾斜，优先立项，优先推荐上报，积极为龙头企业争取各种支持。三要加大财政资金扶持力度，预算安排一定的特色农业产业化专项资金，用于特色农业产业化与规模经营项目的奖励和扶持，并随着财政收入的增长逐年增加。四要进一步改进农村金融服务，引导各类金融组织加大对“三农”的投入，并重点支持特色农业产业化龙头企业的发展。五要落实国家、自治区关于扶持特色农业产业化经营及重点龙头企业和各类农业协会、农民合作组织的各项税收支持政策。六要加大对龙头企业用地的扶持力度，对特色农业产业化龙头企业发展和建设所需的用地优先予以安排。

建立健全特色农业产业化经营运行机制，关键是要建立利益分配机制和运转约束机制，协调产业化经营内部生产、加工、销售各个环节的利益关系，规范各参与主体的经营行为，保护农民利益。首先，各级政府和有关部门要做好协调工作，引导农业产业化龙头企业与农户通过签订产销合同、实行保护价收购、按农户交售农产品的数量返还利润、建立风险基金、吸收农户入股等方式，建立稳定的产销关系，构筑风险共担、利益共享的经济利益共同体。其次，教育企业和农民增强法制观念和契约意识，严格按照《合作社法》、《经济合同法》和《公司法》等有关法律法规办事，规范和保障农业产业化经营。第三，积极培育和发展农村合作经济组织、专业大户，发挥其桥梁和纽带作用，有效地调节农业产业化经营过程中各经济实体之间经济利益关系。重点扩展“公司＋中介组织＋基地＋农户”的经营模式，发展和规范订单农业，用“订单”形式把企业和农民的利益有机联系起来。积极探索租赁、托管、利润返还、二次结算让利、工资加奖金等多种利益联结形式。第四，重点探索农户以土地使用权和劳动力、企业以技术和资金等要素入股组成的股份制企业，完善股份合作制农业等多样化利益联结机制。农业产业化龙头企业与农户关系要尽快实现由契约型向紧密型转变，通过创新利益机制，实现龙头企业带动农民致富，从一次分配（按保护价收购获利）向二次分配（从超额利润中返还）和三次分配（农户入股参与分红）转变，从而形成龙头企业与农户之间利益一体化，实现互利双赢。继续创新农村土地流转制度，促进农业生产向规模化、集约化转变。按照“自愿、依法、有偿”的原则，建立农业土地流转机制。通过对土地使用权的有偿转让、出租、入股、抵押和拍卖等方式，引导农民参与农业产业化经营。第五，龙头企业要积极探索扩张机制，实现从自我积累扩张向整合资源扩张转变，用企业内部资源整合企业外部资源。

7.8 加快改革创新，健全和完善特色农业社会化服务体系

按照提升服务水平、服务功能和服务质量的要求，发挥各涉农部门和农村集体经济组织在信息、人才、技术、资金、物资、基础设施及资源等方面的优势，组织社会力量，不断拓宽农业社会化服务领域，促其向产前延伸、产后拓展，为特色农业产业化经营提供多方面的服务。

一是信息服务体系。在农村广泛建立起生产、运输及销售、科技专业协会和组织，支持农民组织起来进入流通领域，壮大农民经纪人队伍、农村运输和销售队伍、中介组织队伍，加强学会、协会、经济合作组织等的中介作用，开展产前、产中、产后的自我服务，充分发挥各类协会在行业自律和协调、行业标准和发展规划制订等方面的作用。加强重点产业的区域性农业技术服务站建设，解决乡镇、村技术力量薄弱这一现实问题，并把区域性农业技术服务站办成带动产业发展的“龙头”型合作经济组织。实施信息入乡、进村、到企、入户工程，建立信息收集、分析、整理、发布制度，及时提供准确的市场信息、农业科技信息和管理信息，指导生产和销售，为农民和龙头企业做好信息服务。

二是科技推广服务体系。依托各级农业科研和技术推广机构、民营农业科技实体、专业技术协会、农民科技示范户等，形成农业科研成果转化和技术推广普及网络。改革创新农技推广服务机制，建立农业专业技术人员与龙头企业、经营大户联系服务

制度，明确责任，绩效挂钩。

三是良种繁育体系。通过各种农业科研机构、种子（种苗、种畜）经营部门以及农业产业化龙头企业的引进、选育、示范和推广，扩大农、林、牧、渔各业优良品种的覆盖面。

四是物资服务体系。依托供销合作社和农村专业合作组织，逐步实现农业生产资料加工、购销、运输和送货服务一条龙。

五是运销服务体系。依托各地特色农产品批发市场、购销大户、各类流通企业、供销合作社、专业购销合作社，形成特色农产品流通、运销服务网络。

下篇

专题研究报告

1 新疆加工番茄产业发展

1.1 新疆加工番茄生产布局

1.1.1 区域布局

新疆属典型的大陆性干旱气候，光照资源丰富、太阳辐射强、有效积温高、昼夜温差大、夏季干旱少雨、土地肥沃，完全以灌溉为主的栽培方式非常适宜番茄生长。同时，洪涝、干旱、风暴、虫害、菌类等农业灾害相对较少，番茄能够进行无支架栽培生产，番茄红素和可溶性固形物高，病虫害及烂果发生少，危害程度较轻，具有种植番茄的天然优势。准噶尔盆地南缘和塔里木盆地北缘的大片内陆地区是世界上最适宜种植番茄的区域。

目前，新疆番茄主产区可分为三个区域：一是天山北坡前山半干旱区。主要包括新疆生产建设兵团农八师 151 团和农十二师、军户农场、沙湾县东湾乡等地区。该区域无霜期仅为 150d 左右，光热资源相对不足，气候较凉，番茄生长周期长，但病害发生少，适合种植后期番茄加工原料。二是准噶尔盆地中南部温暖干旱区。主要包括昌吉市、奎屯市，新疆生产建设兵团农六师、农七师以及农八师大部分团（场）。该区域无霜期 170d 左右，光热资源充足，可生产提供早、中、晚熟番茄原料。三是博斯腾湖温暖湿润区。主要包括博湖县、焉耆回族自治县、和硕县等地。该区域无霜期 180d 左右，气候相对温和，病虫害较轻，生产提供的番茄原料品质较好。

1.1.2 种植品种及规模

20世纪80年代新疆番茄产业起步之初，种植的番茄品种主要是中国农业科学院选育的红玛瑙140，同时还引进了罗马VF、蒙托等少量国外品种。在新疆番茄产业近30年的发展历程中，经过逐代选育，目前栽培的番茄优良品种有：UC－82，里格尔87－5，特早熟的机采番茄新品种“新番36”，果实坚硬、抗裂、耐压性能较好的晚熟新品种“新番40”，中晚熟新品种“新番15”等新番系列品种及石番系列品种。

近几年来，新疆番茄种植规模总体呈波动上升趋势，见图1－1。2004年，新疆番茄种植面积 $70.53\times10^3hm^2$，产量 486.97×10^4t；2005年，番茄生产大幅度下滑，种植面积下降到

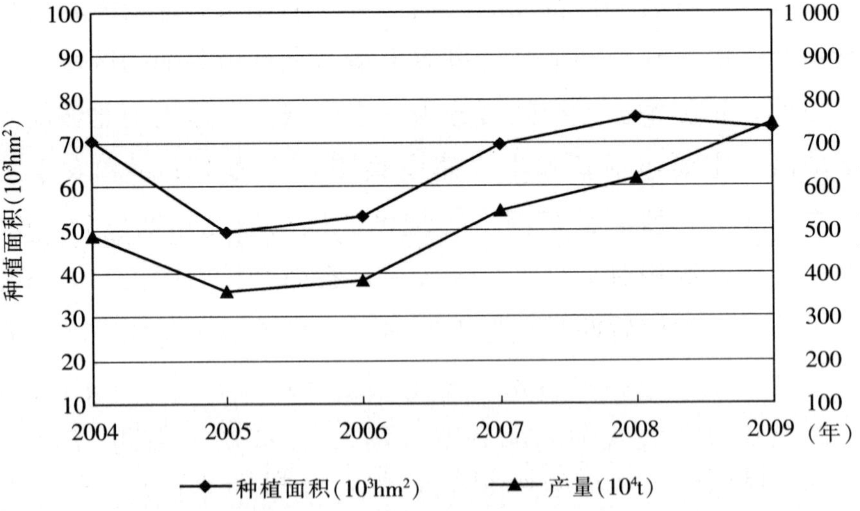

图1－1 新疆番茄生产发展趋势

$49.41\times10^3hm^2$，减少了30%，产量下降到360.72×10^4t，减少了26%；2007年以来，种植面积和产量又大幅度增长；2008年，种植面积$75.56\times10^3hm^2$；2009年，产量增加到744×10^4t，比2005年增加了1倍多。新疆番茄生产不仅种植面积在增长，单产水平也在不断提高，单产水平由2004年的$69.04t/hm^2$增长到2009年的$101.46t/hm^2$，生产效率迅速提高。

1.1.3　加工与出口

我国番茄制品主要有番茄酱、去皮番茄、番茄丁、番茄粉、番茄汁等，其中以番茄酱为主。目前，新疆已成为我国番茄生产和加工规模最大、出口量最多的生产基地。

由于受传统消费观念和饮食结构偏好的影响，目前我国国内居民对番茄制品消费量较少，番茄酱主要用于出口。新疆自1990年开始番茄酱出口贸易，经过20多年的发展，番茄酱出口量和出口额连年增加，出口量由2004年的34.60×10^4t增加到2009年的51×10^4t，同期出口额从17 203万美元增加到46 237万美元，增加了1.69倍。

由于新疆番茄酱质优价廉，国际竞争力强劲，在国际番茄市场上具有很高的知名度与影响力。中国番茄酱出口量占世界番茄酱贸易量的比重由2000年的8%左右跃升到2008年的30%，其中，新疆番茄酱的出口量占世界番茄酱贸易总量的1/4，地位举足轻重。目前，新疆番茄酱制品主要出口到日本、东南亚、中东、韩国、澳大利亚、加拿大、南非及部分欧洲国家和地区，市场前景广阔。

1.2 新疆番茄酱竞争优势

1.2.1 品质优势

新疆番茄制品质量较好，酱体深红而有光泽，质地细腻、均匀、调厚流散适度，酱味酸甜可口、富有鲜味，具有“三高、两少、一低”的优点，即可溶性固形物含量高、产量高、番茄红素高（新疆番茄红素含量达到 62mg/100g，希腊为 52mg/100g，意大利、西班牙、葡萄牙、法国、土耳其、美国均为 40mg/100g)；病害少、虫害少；霉菌视野低（新疆番茄霉菌视野小于 25%，最低可在 12%以下，而国外一些国家的同类规定标准分别为加拿大 50%、意大利 60%、美国和英国 40%）。这使得新疆番茄酱拥有世界番茄酱市场上最高的新鲜度指标和黏幅度指标，比美国食品和药物管理局（FDA）的标准高 7%～10%，远远高于欧共体的标准要求。同时，由于新疆气候干燥，大气环境、土壤环境和水环境等都符合生产绿色食品的要求，加之番茄生产较少喷施农药，属天然绿色食品，符合国际崇尚绿色、天然、非转基因食品的饮食消费时尚的需求。此外，由新疆科技工作者研究的《番茄酱中主要腐败微生物的检验方法》已成为国家质量监督检验检疫总局批准发布的行业标准，自 2010 年 3 月 16 日起正式实施，这将有助于进一步提升新疆番茄酱出口质量，新疆番茄产品在国际市场上与同类产品相比更加具有竞争优势。

1.2.2 生产成本优势

新疆番茄种植基地面积较大，机械化水平高，为合理有效地采用滴灌、大面积机械采收提供了良好条件，有利于节约生产成本，规模经济水平较高。同时，番茄生产和制品加工均属劳动密集型产业，我国和新疆劳动力资源充足，劳动力成本远远低于其他番茄酱生产出口国，使番茄酱出口具有生产成本优势，进而增强了新疆番茄酱在国际市场上的竞争力。

1.2.3 价格优势

从新疆原料番茄价格与世界主要番茄酱生产国原料番茄价格对比可以看出：世界主要番茄酱生产国原料番茄价格中，意大利、西班牙最高，分别为 67.50 美元/t 和 66.21 美元/t，是新疆原料番茄价格的 2 倍多。美国、土耳其和葡萄牙的原料番茄价格也接近于 60 美元/t，几乎是新疆原料番茄价格的 2 倍。原料番茄价格的低价优势奠定了新疆番茄酱价格的国际市场竞争优势。2004 年，新疆番茄酱价格仅为 503.97 美元/t，而同期意大利的番茄酱价格为 953.42 美元/t；西班牙同期番茄酱价格超过 1 000 美元/t，达到 1 055.37 美元/t，是新疆番茄酱价格的 2 倍多。由此可见，新疆番茄酱在国际市场上价格竞争优势明显，继续开拓市场，提高市场占有率的潜力巨大。

1.3 新疆加工番茄产业化发展模式

新疆番茄产业经过 20 多年的发展，已进入规模化、产业化发展阶段。目前，龙头企业带动是新疆番茄产业化发展的主要模式，这种模式又具体体现为以下两种运行形式。

模式一：“国际市场＋公司＋农户”的产业化组织模式，又可分为“半紧密型”和“松散型”两种模式。“半紧密型”模式是公司以国际市场的番茄订购订单为基础，然后分解订单目标，与农户直接签订番茄种植、收购合同或契约，以获得番茄加工原料的模式；“松散型”模式是公司直接按市场价格收购农户自由种植、自由交售的番茄原料的模式。这种“国际市场＋公司＋农户”的“龙头企业带动型”产业化组织模式具有一定的优越性，能把分散生产经营的农户大规模地推向市场，能在较大范围内组织生产和流通，减少生产盲目性，增强农户的市场预见性，从而降低了农户的种植风险。这种模式的弊端在于龙头企业处于绝对的领导地位，对番茄收购价格具有绝对的定价权利，而农户由于分散生产和经营，往往处于弱势地位，当龙头企业与农户发生利益摩擦时，龙头企业可能会对农户施以压制或转嫁风险，处于劣势地位的农户则不得不屈从、依附于龙头企业，使自身利益难以得到保证。

模式二：“国际市场＋公司＋基地＋农户”的产业化组织模式，即公司以国际市场为出口目标地，以国际市场番茄出口订单为基础，通过与国际番茄经销商签订供货合同，然后与基地组织签订番茄种植和收购合同，再由基地组织把番茄种植和收购合同在农户中间进行分解，最终由基地组织和公司共同组织番茄采摘、收购和交售，由公司统一加工、出口销售。这种“国际市场＋公司＋基地＋农户”的“龙头企业带动型”产业化组织模式在兼具“国际市场＋公司＋农户”的产业化组织模式优越性的同时，解决了“公司＋农户”模式中存在的利益合作机制不稳定、番茄生产加工全程质量控制困难等问题。由于基地组织采取二次或三次利润分配方式，农户收益比较稳定，农户参与程度较高，有利于密切农户与公司的关系，实现农户与公司双赢。但是，这种模式由于基地组织的介入，增加了签订合同的环节，也增加了合同签订、监督费用。

1.4 新疆加工番茄产业发展亟待解决的问题

1.4.1 低端产品占出口比重大

相对于番茄粉、番茄红素、番茄沙司、番茄汁而言，番茄酱属于番茄制品系列的低端产品。目前，新疆番茄制品出口主要以番茄酱为主，而且以大包装番茄酱为主，低端产品占出口量比重较大，而高端市场所需求的小包装番茄酱以及番茄粉、番茄红素等高附加值产品，还处于起步阶段，开发不足。2009年，新疆番茄酱出口量 44×10^4t，其中，200kg 以上无菌大包装规格的番茄酱出口量为 38.7×10^4t，占番茄酱出口总量的87.95%。因此，导致部分国外厂商低价收购这些半成品，或者把我国企业初加工的大包装番茄酱换成小包装，再贴上自己的商标，依靠其自有品牌在国际市场上的影响力进行销售，进而获得丰厚利润。

1.4.2 加工企业无序竞争

由于番茄加工领域进入门槛不高，越来越多的企业加入到番茄加工行业。截至 2009 年底，新疆番茄加工企业已达 100 多家，各企业之间的竞争也进一步加剧。尽管经过新一轮整合，新疆番茄酱产业出现了中粮屯河、新中基和新天业 3 个在国际市场上举足轻重的企业集团，然而，新疆番茄加工企业仍未完全摆脱无序竞争的局面，特别是在每年原料收购时节，为了争抢原料，部分企业以降低标准收购，导致原料质量难以保证，进而影响番茄酱等番茄制品质量。一些番茄加工企业甚至利用低价策略，迫使其他企业降低成本，维持微薄利润发展空间，有的企业甚至迫使一部分番茄制品企业陷入原料缺乏、开工不足的困境。

1.4.3 国外技术壁垒限制

目前，为了抵制中国番茄加工企业的强势竞争，欧盟和日本分别增加并实施新的食品安全法规标准，美国、欧洲等国家和地区开始对中国番茄酱进口采取“技术壁垒”和“绿色壁垒”以及反倾销等措施，对中国番茄制品企业出口加以限制。尤其是日本对番茄农药残留项目检测标准增加到 328 项，再次抬高中国番茄酱进入国际市场的门槛。这对于番茄生产技术和管理技术相对落后的新疆番茄产业发展来说，带来了更为严峻的挑战。

1.4.4 品牌建设滞后

新疆在国际市场上只有少数几个低端番茄制品品牌具有影响力，如“屯河”、“CHALKIS”、“丹泉”等，在深加工领域缺乏自主品牌或商标。目前，新疆还没有一个能在国际市场上具有较高知名度和市场占有率的品牌，真正依靠自己的品牌、通过自己的营销渠道进入国际市场的番茄产品不多，番茄酱出口多是依靠定牌加工，导致一些国外番茄制品出口商先购买中国的番茄酱，再贴自己的商标出售。

1.5 优化新疆加工番茄产业发展的建议

1.5.1 延长加工链，提高附加值

为了彻底扭转初级、粗加工产品出口多的局面，新疆番茄加工企业应在积极引进国外先进生产、加工技术的同时，加强自主创新技术开发能力，走产品精深加工道路。根据不同区域消费习惯，进行小包装番茄酱、番茄粉、番茄红素等高附加值产品的开发，延长加工链，改变为国外企业提供初级产品的被动局面，打入国际高端消费市场，实现新疆番茄制品附加值价值量截留。

1.5.2 稳定番茄原料市场，减少企业间无序竞争

为减少和避免企业竞相争购番茄原料的无序竞争，优化和稳定新疆番茄市场秩序，实力强劲的加工龙头企业应该充分利用和发挥自己的加工技术优势，拓展产业链，把企业经营集中在个体或一般番茄加工企业无力参与的番茄粉、番茄红素、番茄沙司等番茄制品领域，进而克服番茄初级市场竞相争购番茄原料的无序竞争弊端，并可以委托个体或一般番茄加工企业为自己购买番茄原料，节省财力和时间，提高经营效率。

1.5.3 开拓国际高端市场，扩大国内市场空间

新疆番茄加工企业应充分抓住国际市场机遇，尝试通过加入世界番茄加工企业理事会等组织的方式，获取、收集国外番茄酱市场供求信息，进而有效降低因出口市场过于集中带来的潜在市场风险，免受国际环境的影响。在国外番茄酱生产大国受全球气

候变暖影响出现番茄减产、国际市场上番茄制品供应不足之际，努力拓展新的国际市场空间，借机树立高端番茄制品名优品牌地位。同时，加大对番茄制品营养和保健作用的宣传力度，提高国内消费者对番茄制品的认知水平，引导国内消费者消费番茄制品，扩大国内市场空间。

1.5.4 探索新型产业化模式

积极探索新疆番茄产业化发展新路径，促进新疆番茄产业增效、农民增收。为了切实转变农户弱势、依附性从属地位，保障农户利益，充分发挥农户生产积极性，番茄产业化模式可以尝试由“公司＋农户”产销合同关系逐步向建立工农、商农双赢的基地化方向过渡，倡导发展各级合作经济组织，成立番茄协会，以协会沟通龙头企业，建立紧密的协作关系，因地制宜地发展和完善“订单农业”、“股份制合作”等多种形式，实现产销挂钩、利益共享，使农户获得番茄产业链拓展的价值增值，探索“市场＋企业＋协会＋农户”的产业化模式。

2　新疆棉花产业发展

受种植业内部比较效益、农民务农的机会成本、农户粮食安全水平、灌溉条件、自然灾害状况以及技术进步和国家政策等因素影响，20 世纪 80 年代以来，我国棉花主产区发生了由南向北、向西北新疆区域的转移。我国棉花生产布局在不断变迁的过程中，逐渐形成了黄河流域、长江流域和新疆棉区三足鼎立的棉花生产格局。新疆地处北温带大陆性干旱气候区，自然气候条件优越，光热资源充足，特别适宜棉花生长。在过去的 30 年间，新疆棉花生产发生了飞跃，在我国棉花生产中占据了举足轻重的地位。特别是 20 世纪 90 年代以来，在国家大力扶持下以及新疆经济结构战略调整中，棉花产业得到迅速发展，目前，新疆已成为我国最大的优质商品棉和国内唯一的长绒棉生产基地，还被国家确定为棉花优势产业带。新疆棉花种植面积、总产量、单产水平以及品级和调出量连续 10 多年位居全国第一。棉花生产已成为新疆经济发展的主导产业之一，植棉收入占新疆农民人均纯收入的 40%。

2.1　新疆棉花生产状况

2.1.1　生产发展

（1）种植规模。“八五”时期，国家把“新疆建成国家级优质商品棉生产基地”纳入国民经济发展规划。“九五”和“十五”时期，新疆提出“一黑一白”经济发展战略，大力支持优质棉基地建设，加大了科技攻关力度，明确提出将新疆棉区建成国家级年产 150×10^4 t 优质商品棉生产基地。“十一五”时期，随着四大基地建设和科技创新与推广能力进一步加强，新疆已建成全国重要的棉花生产基地。

从新疆棉花历年种植面积变化看，“七五”和“八五”时期，新疆棉花种植面积总体呈增长趋势，种植面积从 1985 年的 $253.52\times10^3 hm^2$ 增加到 1990 年的 $435.22\times10^3 hm^2$，1995 年为 $742.9\times10^3 hm^2$，年均增幅达到 11.35%。“九五”时期，新疆棉花种植面积呈快速增长趋势，种植面积从 1996 年的 $799.26\times10^3 hm^2$ 提高到 2000 年的 $1\ 012.39\times10^3 hm^2$，增长了 $213.13\times10^3 hm^2$，年均增长 $53.28\times10^3 hm^2$。“十五”时期，中国加入 WTO 以后，由于受国内国际棉花市场价格的影响，棉花种植面积出现大幅波动。“十一五”时期，新疆按照“调棉、稳粮、增畜、增果”方针，推进农业产业结构调整优化，对棉花种植面积影响较大，由 2007 年的 $1\ 782.60\times10^3 hm^2$ 逐步缩减到 2009 年的 $1\ 343.30\times10^3 hm^2$。虽然如此，但新疆棉花种植面积仍占到全国棉花总种植面积的近 1/3。

表 2－1　新疆和全国棉花种植面积及比重

面积单位：$10^3 hm^2$；比重单位：%

年份	新疆棉花种植面积	全国棉花种植面积	占全国的比重
1980	181.22	4 920.00	3.68
1985	253.52	5 141.00	4.93

（续）

年份	新疆棉花种植面积	全国棉花种植面积	占全国的比重
1990	435.22	5 588.00	7.79
1995	742.90	5 422.00	13.70
2000	1 012.39	4 041.21	25.05
2001	1 129.72	4 809.80	23.49
2002	943.97	4 184.16	22.56
2003	1 037.05	5 110.53	20.29
2004	1 127.55	5 693.00	19.81
2005	1 157.99	5 062.00	22.88
2006	1 664.43	5 409.00	30.77
2007	1 782.60	5 926.00	30.08
2008	1 668.01	5 754.00	28.99
2009	1 343.30	4 952.00	27.13

数据来源：《新疆 50 年年鉴》，历年《新疆统计年鉴》和《中国统计年鉴》

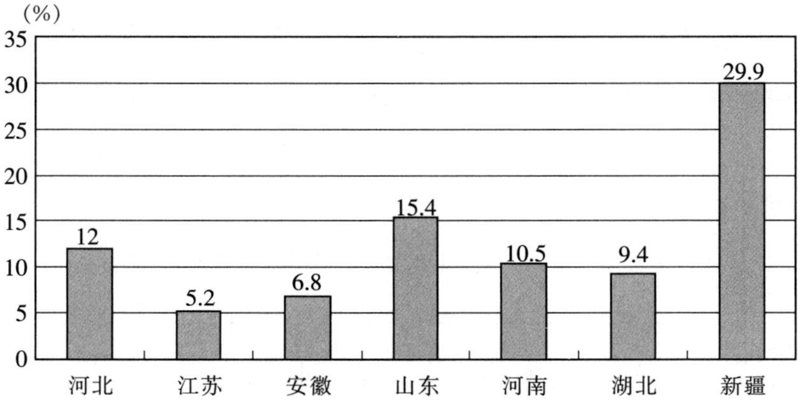

图 2-1　2008 年国内主要产棉区棉花种植面积占全国棉花种植面积比重

（2）产量。随着棉花种植面积的不断扩大，新疆棉花产量也不断增加，从 1990 年的 46.88×10^4t 增长到 2008 年的 301.55×10^4t，年均增幅达 10.92%，占全国棉花总产量比重由 1990 年的 10.40%增长到 2008 年的 40.25%，成为我国最大的产棉区，棉花产量位居全国首位。

表 2-2　新疆和全国棉花总产量及比重

产量单位：10^4t；比重单位：%

年份	新疆棉花总产量	全国棉花总产量	新疆棉花占全国棉花总产量比重
1980	7.92	270.00	2.93
1985	18.78	413.70	4.54
1990	46.88	450.78	10.40
1995	93.50	476.75	19.61
2000	150.00	441.73	33.96
2001	157.00	532.35	29.49
2002	150.00	491.62	30.51
2003	160.00	485.97	32.92
2004	175.25	632.35	27.71
2005	195.70	571.40	34.25
2006	267.53	674.60	39.66
2007	290.00	762.40	38.04
2008	301.55	749.20	40.25
2009	252.40	637.70	39.58

数据来源：《新疆 50 年年鉴》，历年《新疆统计年鉴》和《中国统计年鉴》

（3）单产水平。从新疆棉花单产水平历年变化趋势看，棉花单产水平总体呈波动式上升趋势，从 1980 年的 435kg/hm^2 增长到 2009 年的 1 791kg/hm^2。新疆棉花生产发展至今，棉花单产

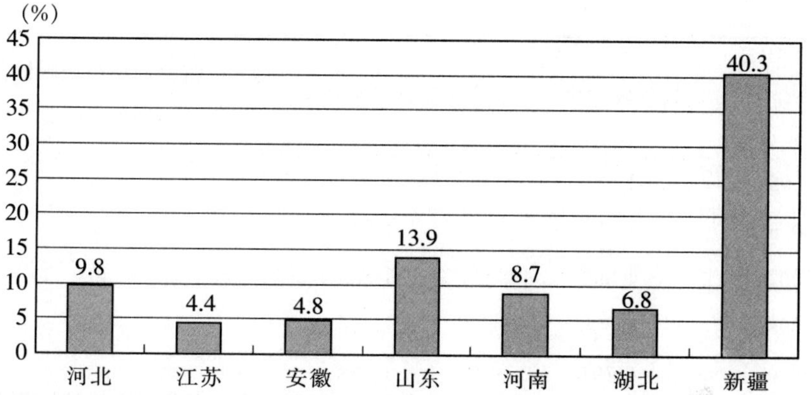

图 2-2 2008 年国内主要产棉区棉花总产量占全国棉花总产量比重

水平远高于全国 1 288kg/hm² 的平均单产水平，也高于全国其他棉花主产区的单产水平。

表 2-3 新疆及全国棉花单产

单位：kg/hm²

年份	新疆棉花单产	全国棉花平均单产	新疆棉花与全国棉花平均单产的差额
1980	435	555	−120
1985	750	810	−60
1990	1 080	810	270
1995	1 259	885	374
2000	1 482	1 093	389
2001	1 328	1 107	221
2002	1 589	1 175	414
2003	1 543	951	592
2004	1 569	1 111	458

（续）

年份	新疆棉花单产	全国棉花平均单产	新疆棉花与全国棉花平均单产的差额
2005	1 615	1 129	486
2006	1 725	1 247	478
2007	1 690	1 286	404
2008	2 388	1 302	1 086
2009	1 791	1 288	503

数据来源：《新疆 50 年年鉴》，历年《新疆统计年鉴》和《中国统计年鉴》

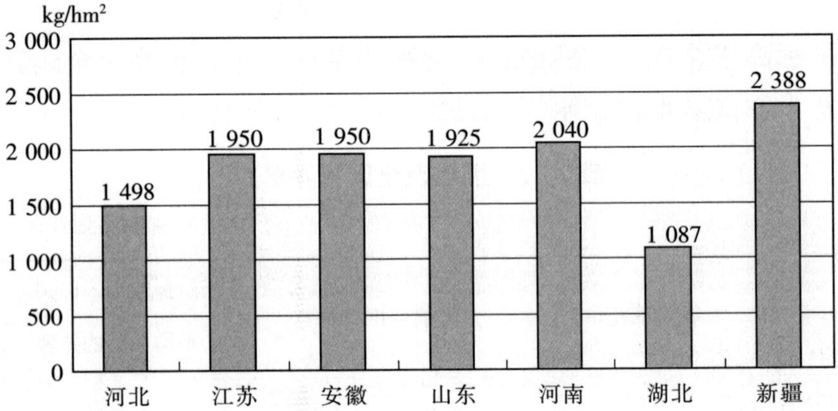

图 2-3　2008 年国内主要产棉区棉花单产水平

2.1.2　生产布局及调整

新疆地域广阔，气候生态类型差异大。近年来，新疆针对各地区和自治州自然生态条件的特点，在重点开发南疆优质陆地棉区和长绒棉区、巩固发展北疆优质陆地棉区、稳定东疆优质超级长绒棉区的原则指导下，逐步形成了南疆、北疆、东疆三大生态区的区域化格局。

（1）南疆棉区。指叶尔羌河流域及其沿岸绿洲平原和塔里木河流域，其行政范围主要包括喀什、阿克苏、巴音郭楞、和田和克孜勒苏以及新疆生产建设兵团的农一师、农二师、农三师和农十四师。该区域海拔 800～1 000m，西南部最高达 1 500m；气候非常干燥，年降水量 30～70mm，区域内塔里木河、阿克苏河、叶尔羌河与和田河等河流年径流量 $384\times10^8m^3$，灌溉条件较好，奠定了我国最大一块灌溉棉区的基础；≥15℃的积温 3 600～3 800℃，最热月份平均温度在 25℃以上，病虫害发生率低，适合种植中、早熟陆地棉和特早熟、早熟长绒棉。

近年来，该区域棉花生产发展很快，种植面积由 1985 年的 $166\times10^3hm^2$ 增加到 2008 年的 $917.43\times10^3hm^2$，植棉面积占耕地面积的 36.96％，占新疆植棉总面积的 55％，2008 年该区域棉花总产量 55.46×10^4t，平均单产 $605kg/hm^2$。该区域棉花种植集中，生产管理水平较高，出现了大批高产典型，例如岳普湖县、麦盖提县和若羌县单产皮棉超过 1 $500kg/hm^2$。该区域已成为新疆最大的优质陆地棉和国家最大的长绒棉生产基地。

多年来，该区域棉花保持持续增长的趋势。然而，近年来，为了促进农民增收，改善区域生态环境，该区域大力进行农业结构调整，推进特色林果业快速发展，核桃、红枣、苹果等挤占大量农田，一部分种植棉花的土地改种了小麦和林果。2009 年，棉花种植面积下降幅度 10％～15％，仅农一师就减少了 $60\times10^3hm^2$ 的棉花种植面积。

（2）北疆棉区。指玛纳斯河流域、奎屯河流域、博尔塔拉河流域下游及伊犁河下游地区，其涵盖的行政范围包括昌吉、塔城、博尔塔拉以及新疆生产建设兵团农四师、农五师、农六师、农七师、农八师、农十师和农十二师。该区域是我国最北的一个棉区，海拔低而纬度较高，具有干旱少雨、光照充足、热量丰富、无霜期较长的特点；≥15℃积温 3 000～3 300℃，属于早熟、特早熟陆地棉区。

近年来，该区域棉花发展较快，植棉面积占耕地面积的26.42%。棉花种植面积由 1985 年的 72.8×$10^3$$hm^2$ 增加到 2008 年的 589.76×$10^3$$hm^2$，占新疆棉花总种植面积的 35.4%左右，2008 年该区域棉花总产量 74.42×10^4t，平均单产 1 262kg/hm^2。该区域土地平坦，地面开阔，农垦团场植棉技术较高，除收花外，其他田间作业均已实现机械化，棉花品质优良，特别是博乐棉区和奎屯棉区，棉花平均等级、长度、强度和成熟度在新疆名列前茅，是新疆主要棉花出口基地。但受热量条件限制，该区域适宜植棉范围较小。随着“引额济克”工程的实施，该棉区扩展至克拉玛依，增加了北疆棉区植棉范围与潜力，克拉玛依棉花种植面积 2004 年为 5.9×$10^3$$hm^2$，2007 年迅速增长到 9.5×$10^3$$hm^2$。

随着国家各种粮食补贴政策的实施和地方改善地力措施的落实，该区域将部分棉田改种粮食与经济作物，2009 年增加小麦种植面积 272.3×$10^3$$hm^2$，增产 198×$10^4$t，同期棉花种植面积减少了 25%～30%。

（3）东疆棉区。指位于新疆东部的吐哈盆地，涵盖吐鲁番、哈密以及新疆生产建设兵团农十三师等。该区域≥15℃积温 4 500～4 900℃，最热月份平均温度 28～33℃，热量充足，棉花生长期可达 220～240d，适于种植中、早熟长绒棉和中熟、中晚

熟陆地棉，是我国长绒棉生产条件最优越的地区。

表 2-4 新疆棉花生产区域布局结构

项目	南疆		北疆		东疆	
	2008年	2005年	2008年	2005年	2008年	2005年
耕地面积（10^3hm^2）	2 482.14	1 436.51	2 232.54	1 376.83	157.51	110.92
棉花种植面积（10^3hm^2）	917.43	641.85	589.76	470.52	52.22	32.01
棉花总产量（10^4t）	55.46	40.22	74.42	57.85	2.86	2.15
棉花单产（kg/hm^2）	605	627	1 262	1 229	547	672

数据来源：根据《新疆统计年鉴》整理而得

该区域植棉面积占耕地面积的33.15%，棉花种植面积2008年$52.22\times10^3hm^2$，占新疆棉花总种植面积的3.1%左右。2008年，该区域棉花总产量2.86×10^4t，平均单产$547kg/hm^2$。该区域自然条件优越，长绒棉品级、长度、强力均优于南疆棉区，出口声誉好。但水土资源有限，加之棉花单产水平低，生产效率低，又是国家葡萄、瓜果生产基地，使得该区域棉花生产受到限制，一些地方如吐鲁番市、鄯善县等除了有一少部分瓜套棉种植外，棉花生产逐步退减，用于发展林果业。仅哈密地区，2010年棉花播种面积$12.8\times10^3hm^2$，与2009年相比减少了2 $258hm^2$，减幅15%。

2.1.3 棉花品质

近年来，新疆通过优质棉基地建设，狠抓品种优化工程核心建设，棉花的整体品质普遍得到提高。2007年农业部棉花品质检测公告数据显示，长江流域、黄河流域和新疆棉区棉花纤维比强度分别为 28.8CN/tex、28.9CN/tex 和 29.3CN/tex。其中，新疆优质超级长绒棉新海 16 和新海 20 的比强度达到 45.9～48.6CN/tex，综合品质可与世界长绒棉极品埃及吉扎 70 品种相媲美。同时，在新疆植棉史上，首次成功育成了新陆中 9 号、新陆中 13、新陆中 15、新陆中 23 和适合北疆种植的新陆早 16、新陆早 20。这些新品种的绒长 32～33mm，比强度达到 34～37CN/tex，在巩固纤维长度、细度、色泽、马克隆值等原有优势的情况下，强力也平均提高了 0.5～1CN/tex，各项综合指标达到国际先进水平，实现了新疆自主知识产权棉花育种的新突破。

2.1.4 棉花生产成本及效益

新疆棉花生产单位面积收益和成本收益率较国内其他棉区高 40%左右。随着宽膜高密度栽培和膜下滴灌技术的推广普及，新疆棉花价格与长江流域、黄河流域相比具有绝对优势，籽棉最低价格 3.5 元/kg，长江流域、黄河流域最低承受价格为 5 元/kg。近年来，棉花生产成本一直呈逐年上升的趋势，且纯收益波动较大。其原因：一是农民加大了棉花生产物质的投入，二是农用物资持续涨价，三是人工费特别是人工拾花费逐年上涨。据国家发展和改革委员会价格司编印的 2009 年《全国农产品成本收益资料汇编》提供的数据，2008 年新疆陆地棉产值减少 5 249.7 元/hm^2，但生产成本却提高了 987.6 元/hm^2，净利润只有1 050.6 元/hm^2，比 2007 年大幅减少 6 237.3 元/hm^2，成本利润率仅为 5.85%，远远低于其他作物的成本利润率，如小麦 40.67%、玉米 47.27%、甜菜 43.56%。种植成本不断提高，经济效益下滑，

2003 年新疆棉花纯收益 13 399.8 元/hm^2，2004 年降为 4 043.4 元/hm^2，2008 年只有 1 050.6 元/hm^2，棉农收益不稳定，严重影响了棉农植棉的积极性。

2.2 新疆棉花市场与进出口贸易

2.2.1 棉花价格走势

受国际市场影响，新疆棉花收购价格变动频繁，尤其是近年来受大量进口冲击，新疆棉花价格波动周期、频率及幅度进一步加剧。2001—2005 年，全国平均籽棉收购价格年际间波动幅度最高达 59.5%，最低为 20.5%，同期新疆皮棉收购价格在 7 200～13 000 元/t 之间波动，增减幅度在－20.0%～87.5%之间，皮棉销售价格起伏于 12 000～17 000 元/t，波动幅度在－26.5%～41.7%之间。2006 年，新疆棉花收购和销售价格又分别下滑 10.1%和 7.3%。2007 年，国内棉花市场持续滞销，棉花价格普遍下跌，新疆棉花销售困难。2008 年，金融危机爆发，适逢新棉上市，新疆籽棉收购价格持续下跌，收购均价由 2008 年 9 月中旬的 5.5 元/kg 跌至 10 月 31 日的 4.8 元/kg。10 月份正是新疆棉花大量上市集中收购阶段，直接导致很多棉农低价售棉，且越往后期收购价格越低，进而带来 2008 年棉农收益大幅下降，挫伤了棉农生产的积极性。这一时期，新疆进一步落实“减棉、增粮、增畜、增果”的农业结构调整政策，加上 2010 年春天以来新疆当地天气变化无常，自然灾害频发，对棉花播种及生长影响较大。因此，在市场波动及近期疲软、政策调整、气候及自然灾害等多重因素影响下，新疆棉花规模扩张受到制约。

2.2.2 棉花市场与进出口贸易

俗话说：世界棉花形势看中国，中国棉花形势看新疆。新疆棉花在国际国内市场上的地位举足轻重，棉花生产和收购的稍许变动都会在国际国内棉花市场上表现出相应的变化，对国际国内棉花价格影响也较大。从生产与供给角度看，新疆每年棉花产量约占全国棉花总产量的40%左右，占世界总产量的8%～9%，且新疆棉花生产机械化水平在全国首屈一指，其棉花生产成本远远低于其他国内棉区，与美国的棉花生产成本相当，大大增强了其国际竞争力。从消费与需求角度看，新疆棉花消费与需求结构有其自身的特点，除用于新疆区域内棉花消费（主要是纺织用棉和其他用棉，且用量很少）及原棉出口外，原棉调出量占有相当大的比重，每年生产的棉花80%以上运往沿海纺织工业发达的地区销售，支撑着中国工业用棉的三分天下，新疆棉花调出量已连续15年位居全国第一。

长期以来，受诸多因素影响，新疆棉花进出口贸易形势并不稳定，棉花进出口量波动幅度很大。从全国来看，棉花进出口总趋势是棉花进口成倍增长，进口量远远大于出口量。2008年，新疆棉花出口仅为9 329t，占全国棉花出口量的57%，但只有2000年新疆棉花出口量的4.07%。

新疆原棉出口虽然不稳定，且年际间波动幅度较大，但一直在我国棉花出口中占据较大份额。2000—2008年，新疆棉花出口量占全国棉花总出口量的70.6%。2002年以前，原棉出口排在新疆出口商品的前几位，2000年出口量达到历史最高峰22.92×10^4t。2002年以后，原棉出口大幅下降，2006年出口量降到0.12×10^4t，2008年出口量略有回升。与此相反，2000年

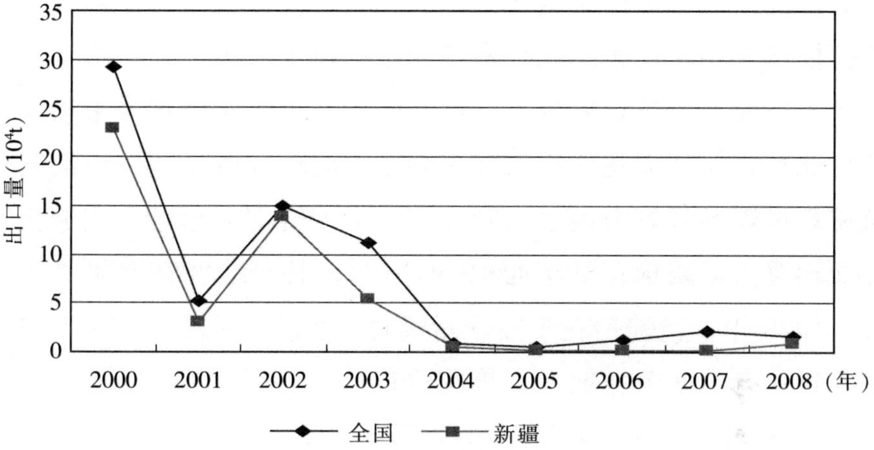

图 2-4　2000—2008 年新疆与全国棉花出口量

以来，新疆棉花进口量增长迅速，主要是依托其口岸优势，从乌兹别克斯坦等中亚国家进口棉花，再转运至内地。

2.3　新疆棉花生产可持续发展的制约因素与障碍

棉花种植业在新疆区域经济发展中居于重要地位。然而，由于日益突出的生产成本上升、收购价格存在风险，污染、自然灾害与病虫害问题显现以及棉花产业下游基础薄弱等，使新疆棉花生产的可持续发展面临严峻挑战。

2.3.1　市场环境制约

新疆棉花生产和价格与国际国内棉花市场息息相关，相互影响又相互制约。一方面，地膜、柴油及化肥等农业生产资料价格随石油价格上涨而大幅上涨，致使棉花生产成本持续上涨。另一方面，棉花产品价格又受国际市场左右，波动很大，新疆三级棉花价格甚至要高出美国同级棉花到岸价格 1 000～1 500 元/t，且棉花质量还不及进口原棉，这给新疆棉花生产和销售带来极大挑战。此外，新疆棉花生产对外来劳动力的依存度很高，目前实行机械化采棉的只有石河子、阿克苏、伊犁等部分地区，机械化采棉面积仅占新疆棉花种植面积的 7.5%，其他地区完全靠手工拾花。2009 年，新疆拾花工需求量高达 196.37 万人，拾花工多从其他省、自治区劳务输入，拾花价格从 2008 年的 0.85 元/kg 调整为 2009 年的 1.0～1.2 元/kg，涨幅 35.29%。

因此，在生产资料价格和人工费用大幅度上涨的压力下，新疆棉花生产成本不断上涨，尽管单产高于全国平均水平，但增产绝对量和增产幅度远远没有生产资料价格上涨快，并且许多老棉田的单产水平还在不断下降。上述情况对新疆棉花生产提出了更为严峻的挑战，价格上涨的生产资料促使化肥、灌溉水、地膜和农药等棉花种植生产投入减少，高额的人工费用促使棉田种植面积缩减，低产田逐步退出棉花生产，棉花种植发展呈现逐年递减趋势，仅 2009 年新疆棉花播种面积就减少 $375.3\times10^3hm^2$，产量减少 52.5×10^4t。未来植棉增效的难度将越来越大。这对稳定新疆及全国棉花种植面积，提高单产水平和增加总产量是很不利的，棉花生产迫切需要资源节约型和集约化的生产技术。

2.3.2 自然灾害和生物灾害威胁及资源环境保护压力

自然灾害、生物灾害的发生和危害日益加重。低温、冻害、初霜早临和雨雪、冰雹是近几年新疆棉花生产与发展遭遇的主要灾害性天气。由于天气灾害发生的频率高、危害大，棉花产量和经济损失严重。2006 年 5 月上中旬，持续低温、冻害导致棉花严重烂根和死苗。南疆遭遇强沙暴侵袭频率高，冰雹在许多产区 4～9 月连续发生，减产严重。2009 年，因气候灾害等原因新疆棉花减产 1/4。2010 年 4～5 月，受西伯利亚强冷空气入侵的影响，降温、降水及局部地区暴雪、冰雹等极端天气，加上低温、冻害，棉花等农作物因灾受损严重。枯萎病和黄萎病呈蔓延趋势，棉蚜、红蜘蛛和棉铃虫也呈潜在流行和暴发危害的趋势，这对绿洲脆弱生态环境构成了威胁。

新疆棉花生产是典型的“石油棉花”，地膜植棉新技术推广和发展带来的“白色污染”新问题日益严重。由于地膜不能自然降解，残留地膜回收不彻底，地膜残留在土壤中形成阻隔层，破坏了土壤的毛细结构，影响透水和透气性，阻碍了棉花根系生长，或者不能生根发芽，已经成为老棉田越来越突出的问题。而且，棉花多年连作，耕地用养严重失衡。新疆棉花播种面积占耕地面积比例较大，在宜棉区植棉面积高达其耕地的 70%～80%。由于棉花生育期长，只能一年一作，连年种植，一方面多年连作致使棉花病害呈逐年增重、病害种类逐渐增加的趋势，另一方面也造成土壤养分单一，影响营养平衡。

2.3.3 棉花产业链短，下游基础薄弱

我国棉花产业链的平均利润率大约为 4%，利润链中种植生产占 6%，初加工占 8%，纺织占 38%，服装制造占 18%，销售占 30%。很明显，产业链上游利润微薄，中、下游环节如纺织、服装制造和销售的附加值较高。然而，新疆在产业链上游棉花生产和初加工环节占的比重较高，下游加工、纺织和服装制造占的

比重过低，资源优势并未充分转变成经济效益和产业优势，大部分利润流向内地纺织和服装制造企业，棉农利润微薄。产业链过短造成附加值流失，2007 年新疆纺纱 40.9×10^4t，而棉布产量只有 $15\ 989\times10^4$m，按照棉布每百米耗棉纱约 16.2kg 的技术指标计算，新疆棉纱仅有 6.34%加工成棉布。原产棉不能在产地有效转化，需要大批量外运，不仅增加了运输成本，而且减弱了新疆棉花竞争力，也在很大程度上弱化了新疆棉花产业发展。

2.4 棉花生产可持续发展的对策建议

2.4.1 控制病虫害流行蔓延，提升防灾减灾能力

一是加大病虫害发生的监测和综合防治技术的研究和应用。二是加大高产、优质、抗病新品种和杂交种新组合的选育及引进。三是研究开发人工干预天气技术，提升防灾减灾能力。

2.4.2 建立风险预警机制，强化灾害预报和驱灾措施

第一，对新疆棉花生物灾害的发生规律进行系统和深入的调查研究。第二，对棉花生长期内的气候情况进行深入的研究，掌握可能出现灾害性气象的规律和频率。第三，深入研究棉花不同品种的抗病虫性，同时研究可提高棉花本身抗性的药剂和措施。

2.4.3 推行节约型农业，建立棉田用养制度

一要积极推行节约型农业，测土配方施肥，节水灌溉，实现棉花生产的节肥、节水、节膜、节种、节能，取得最佳经济效益。二要恢复和建立棉田用养制度，实行棉田轮作、棉肥间作相

结合，增施有机肥。

2.4.4 增加投入，建立稳定的农业投资渠道

新疆优质棉基地建设项目是全国唯一一项作为单一农作物连续3个“五年计划”得到国家大规模资金支持的农业项目，项目主要建设内容为种子工程、高标准棉田和技术综合服务体系建设等。建议国家继续支持新疆建设优质棉基地，从财政上予以资金支持，主要用于支持引水与灌溉工程的建设和维护，用于盐碱地和低产田培肥的综合治理。

2.4.5 建立有效的农业保险制度，出台棉花保护和补贴政策

从长远看，国家需要建立政策性保险制度，设立棉花风险基金，以转移和分散棉花生产的自然风险和市场风险。需要出台棉花收购最低保护价，给予棉农和棉花生产补贴，建立棉花生产发展基金，扶持优质棉基地的生产，开展品种与技术的引进、示范、培训和信息等服务，按市场机制组织和引导生产，发挥地方积极性，保持棉花生产稳定、持续发展。

2.4.6 建立植棉产业经济的社会化服务体系

缩减过多、过乱的轧花厂，构建现代棉花收购、加工、流通和储运的大型棉花集团（公司）。积极培育或引进龙头企业，提升棉纺织企业的深加工能力，增强新疆棉花产业吸纳、转化科技成果的能力。积极发展棉花产业经济的社会化服务体系，重视棉花产前信息化、产中科学化和产后市场化的研究、开发及应用，形成快速反应的信息采集、加工、诊断和发布体系。

3 新疆哈密瓜产业发展

3.1 新疆哈密瓜生产

3.1.1 种类丰富多样

新疆是世界六大温带落叶果树产区之一，光照资源丰富，空气干燥，病虫害少，土壤疏松、通气性良好，极适宜哈密瓜的生长，且由于新疆昼夜温差大，有利于植物进行光合作用，加大糖分贮藏物积累，提高哈密瓜的品质。同时，新疆哈密瓜栽培历史悠久，瓜农和科技人员在育种、栽培、采收等过程中有着丰富的经验，种植过程中施用化肥较少，农药施用量少，有效地提高了哈密瓜安全性。

新疆有着得天独厚的自然条件，加上对新品种的长期培育和改良，已经积累了丰富的栽培品种，目前新疆甜瓜地方品种有74个。按瓜形分有：偏圆形、圆形、卵圆形、椭圆形、橄榄形、短筒形、长棒形等；按皮色分有：玉白、金黄、果青绿、黛色等；按果肉颜色分有：水红、橙色、翠绿色、淡绿、乳白等；按肉质风味分有：松脆型、绵软型、松软适度型、粉质型、多汁型、酒香型等；按果皮网纹分有：网纹类、非网纹类和瓜旦类三大类。

新疆哈密瓜原产地鄯善县的哈密瓜品种，按照成熟期分，早熟品种有：黄旦子、黄醉仙、米籽瓜、伯克扎尔德（又名柳条青、绿皮子)、西州蜜 1 号；中熟品种有：赛力克可口奇（又名夏黄皮)、红心脆、含笑、皇后、金龙、金凤凰、秋黄皮（又称秋黄皮白肉可口奇)、巴登、香梨黄、黄金龙；晚熟品种有：青麻皮、黑眉毛密极甘、青皮等。

目前，哈密瓜主产区所使用的哈密瓜种子，大多为杂种 1 代。例如，主栽品种新皇后、8601、金凤凰、86-1、西域 1 号、皇后等。

3.1.2 生产布局

哈密瓜在植物分类学上称之为厚皮甜瓜，新疆是厚皮甜瓜次生中心之一。新疆吐鲁番盆地由于地理、生态等环境特殊，非常适宜厚皮甜瓜的生长。根据植物分类学家的研究，厚皮甜瓜按生态地理起源和成熟期的不同可分为 6 个变种，其中有 3 个变种存在于新疆鄯善县，根据考古发掘证实，早在 1 000 多年以前，这里便有甜瓜的种植。

为了充分利用土地和防止病害发生，目前哈密瓜种植多采用间作套种和轮作倒茬栽培技术。轮作倒茬是哈密瓜栽培的重要技术措施，哈密瓜的前作以高粱、玉米、棉花为好，轮作年限一般为 6～8 年，水浇地一般为 4～6 年。合理轮作可以恢复和提高土壤肥力，充分利用土壤中不同层次的养分，防除病虫、杂草，提高作物产量和品质。新疆鄯善县哈密瓜间作套种形式多样，主要有葡萄套种哈密瓜、哈密瓜套种早熟豆类、哈密瓜套种棉花等。

新疆哈密瓜生产因气候和生态条件的不同划分成四大区域，并均可生产精品甜瓜。

早熟商品瓜区。主要分布在吐鲁番、鄯善、托克逊 3 个市

(县)。该区域盛产优质哈密瓜，其中以鄯善县种植面积最大，上市最早，效益最高。主要栽培品种为新皇后、金凤凰。

中早熟商品瓜区。主要分布在哈密盆地以及南疆塔里木盆地北缘的库尔勒、阿克苏、轮台等地。主要栽培品种为新皇后、8601、皇后等。

中熟及中晚熟商品瓜区。包括天山北麓中段的阜康、五家渠、昌吉、呼图壁、玛纳斯、石河子等地。该区域栽培面积较大，生产水平也较高，是新疆最重要的商品瓜基地。主要栽培品种有新皇后、8601、86－1、皇后等。

中熟及晚熟商品瓜区。包括塔里木盆地东部边缘的且末，西部边缘的喀什、和田、皮山、伽师及北部边缘的库尔勒、阿克苏等地。主栽品种主要是卡拉克塞（即伽师瓜）、恰尔可洪、且末加格达、新皇后等。但大面积种植的仍然是当地的农家品种。

哈密瓜除新疆种植面积最大外，内蒙古、甘肃、海南、山东、东北三省等地也有少量种植。2009 年，新疆甜瓜种植面积 $37.72\times10^3hm^2$，总产量 115.8×10^4t；新疆哈密瓜种植面积 $12.54\times10^3hm^2$，总产量 34.89×10^4t。吐鲁番和哈密地区是新疆哈密瓜的主要产区，产量占全区哈密瓜总产量的 85%以上。其中，哈密地区哈密瓜产量占全区哈密瓜总产量的 50.14%，吐鲁番地区哈密瓜产量占全区哈密瓜总产量的 35.82%，喀什地区占 9.13%，阿勒泰地区占 4.41%，和田地区占 0.51%。

3.1.3 反季节生产

反季节生产是依靠现代科学技术有效解决农业问题的重要

途径，是通过一定的农业工程设施及地区气候等控制自然界不利气候条件，使植物地上部和根系生长环境得到优化，按照人们的需要，有计划地生产出优质、高产、高效、无污染的农产品。其实质就是对自然资源的有效利用、合理配置和可持续化发展。近年来，新疆反季节蔬菜生产规模不断扩大，随着市场对哈密瓜多样化的需求增长，反季节哈密瓜生产规模也在逐步增长。

新疆哈密瓜种植过去是单一的陆地栽培。20 世纪 80 年代，随着塑料薄膜覆盖技术的推广，哈密瓜栽培方式开始发生变化。到 1994 年，基本普及了地膜覆盖栽培技术。1995 年以后，在地膜覆盖栽培的基础上，又相继出现了小拱棚、大拱棚、日光温室、无土栽培等栽培方式。反季节生产和供应哈密瓜已成为可能，并不断扩大种植面积，哈密瓜提前上市，效益显著。

表 3－1 鄯善县哈密瓜各种栽培方式及其他作物经济效益比较

单位：元/hm^2

	地膜覆盖	拱棚	日光温室	葡萄	棉花
纯收入	9 000	12 000	150 000	29 955	10 095

从表 3－1 可以看出，不同栽培方式都能不同程度地提高热能的利用率，起到促进早熟的效果。但就其经济效益而言，哈密瓜种植日光温室栽培所获得的经济效益最为显著，不仅高于地膜覆盖和拱棚种植的经济效益，也远远高于其他经济作物的经济效益。然而，在新疆鄯善县哈密瓜种植中，仍以地膜覆盖栽培方式为主，拱棚种植哈密瓜占总种植面积的 40％左右，日光温室种

植哈密瓜不足总种植面积的 0.5%。

3.2 新疆哈密瓜出口基地建设

3.2.1 出口基地

目前，新疆建成了以吐鲁番和哈密地区为主的哈密瓜出口基地。随着种植技术的不断进步，栽培方式显现多样化、科学化以及耕作制度合理化、科学化，哈密瓜出口基地建设日趋完善。

2008 年，新疆哈密瓜出口基地面积 $3.93\times10^{3}hm^{2}$，出口量 $10.41\times10^{4}t$。出口基地全部集中在吐鲁番和哈密两地。其中，吐鲁番出口基地面积 $0.85\times10^{3}hm^{2}$，占全区哈密瓜出口基地面积的 21.63%；出口量 $3.87\times10^{4}t$，占全区哈密瓜出口总量的 37.18%。哈密出口基地面积 $3.08\times10^{3}hm^{2}$，占全区哈密瓜出口基地面积的 79.37%；出口量 $6.54\times10^{4}t$，占全区哈密瓜出口总量的 62.82%。

3.2.2 出口市场

新疆哈密瓜具有独特的风味和上好的品质，在国内外市场上具有很强的优势。改革开放以来，在市场经济条件下，新疆哈密瓜生产不断发展，新品种种植面积不断扩大，产量和商品率有了较大提高，销售渠道逐年拓宽，市场得以不断扩大，尤其是国外市场份额不断增加。

目前，新疆哈密瓜已经形成了稳定的国际市场，主要有东南亚、日本、中国香港等市场。

表 3-2 新疆鲜哈密瓜外销量

单位：t

	2004 年	2005 年	2006 年	2007 年
合计	39 750	57 600	19 000	84 525
中国香港	—	—	—	17 500
印度尼西亚	—	1 600	—	—
日本	—	—	—	34 225
马来西亚	—	56 000	—	—
巴基斯坦	—	—	—	32 800

2004 年以来，新疆哈密瓜出口量大幅提高，从 2004 年的近 4.0×10^4t 增加到 2008 年的 10.4×10^4t，出口量增长了 1.6 倍。

3.3 新疆哈密瓜产业存在的问题

3.3.1 品牌保护意识不强

2008 年，国家质量监督检验检疫总局组织了对哈密瓜地理标志产品保护申请的审查，实施对哈密瓜地理标志产品保护。但是，哈密瓜产业在近两年的发展中，出现了对自身品牌保护不到位的问题，“天山密王”、“楼兰神”等哈密瓜品牌存在着恶性竞争的现象，制约了品牌战略的实施和发展。

此外，海南利用春季自然优势进行生产，上海、山东等地利用反季节生产优势，抢占了国内大部分市场，造成市场价格下跌，而且内地哈密瓜生产及运输成本低，给新疆哈密瓜品牌战略的实施带来一定困难。

3.3.2 商品性差，市场竞争力弱

目前，以哈密市大南湖乡为代表的早熟瓜生产基地基本上采用的是 8601 品种，其他品种如香妃蜜、金蜜宝等只有少量种植。这些品种商品性差，其色泽、网纹、果型、含糖量、整齐度等差异较大。由于品种单一，致使成熟期相对集中。哈密瓜国内市场主要分布在广东、上海、成都和浙江等地，而同期全国各地的甜瓜也集中在以上地区销售，市场容量有限，各类甜瓜竞争必然引起哈密瓜价格下跌。

目前，在哈密瓜产业链中，新疆主要销售的是鲜瓜，只有很少部分转化为哈密瓜酱菜，没有形成完整的产业链，导致哈密瓜产业、产品单一，竞争力不强。新疆哈密瓜主要以鲜食哈密瓜进入市场销售，加工产品较少，主要有哈密瓜干、哈密瓜汁、哈密瓜果脯、哈密瓜罐头等，加工转化率很低。哈密瓜加工的潜在效益远远没有发挥出来，在延长产业链方面还有很大的潜力。

3.3.3 反季节生产技术难度大

新疆反季节生产专业技术人员缺乏，知识更新速度慢，加之培训力度不够，与设施农业发展模式不相适应。同时，由于缺乏科技培训和推广资金，导致培训普及面较窄，培训方式不规范，发展哈密瓜反季节生产技术服务体系不完善，技术推广难度大。新疆哈密瓜生产基本以农户分散经营为主，规模小，加上农民农业技术水平和文化水平不高，致使经营管理跟不上现代农业发展要求。

3.4　新疆哈密瓜产业发展的对策建议

3.4.1　加强产地品牌保护，维护哈密瓜声誉

充分利用报刊、电视、广播等传统媒体宣传名牌，积极运用现代信息技术，建立推介名牌、保护名牌的宣传网站。在扩大宣传的同时，引导拥有知名、著名和驰名商标及产品的企业参加各种博览会、展销会活动，引导企业运用现代营销手段，强化广告和形象策划，树立企业形象，谋划名牌战略，创立哈密瓜地方品牌。

3.4.2　延长产业链，提高附加值

全方位为农民生产提供技术服务，建立健全哈密瓜质量标准、安全监测和标准化技术推广三大体系。积极推广哈密瓜新品种、新技术，让农民确立“质量就是生命”的精品意识，严格按照标准组织生产，不符合质量标准的哈密瓜杜绝采收、出售，从源头上把好质量关，禁止生瓜、烂瓜进入市场。大力扶持哈密瓜龙头企业发展，建立并完善“公司＋农户”的生产经营模式。挖掘潜力，延长哈密瓜产业链条。积极开发产业链中增值最大的微波膨化哈密瓜、冻干哈密瓜片、低糖哈密瓜果酱、哈密瓜粉等深加工产品，提高哈密瓜产品附加值。

3.4.3　加强反季节生产，提高农户收益

新疆维吾尔自治区政府应出台优惠政策，对设施农业发展给予大力支持，鼓励农民、技术人员、企业等参与到设施农业建设

之中。加强哈密瓜尤其是反季节哈密瓜的生产技术培训与服务，对现有哈密瓜生产的农技人员进行现代农业和设施农业技术的知识更新，提高实际操作技能和服务农民的能力。同时，不断强化哈密瓜种植农户的培训工作，结合生产实际，制订培训计划和方案，组织科技骨干形成“科技传播队”，采取多种形式在反季节哈密瓜生产区有计划、有步骤地对农民进行哈密瓜栽培、新品种介绍、病虫害防治、反季节生产等实用技术培训，不断提高哈密瓜种植农户的收益。

3.4.4 加大科技攻关力度，完善质量体系

发挥品种资源优势，加大新品种的选育力度。根据市场需求，确定新品种目标，积极推进哈密瓜品质育种，并体现抗病、丰产、品质、熟性之间的关系。加强与农业科研院所和大专院校的合作，引进推广新产品、新技术，开展哈密瓜产品深度加工、保鲜、储运、生物技术等科技攻关，推出科技含量高、附加值高、市场占有率高的优势产品。研究开发哈密瓜瓜干、瓜脯、瓜汁、瓜饮料、瓜酒及保健品等系列产品，并拓宽生产。

同时，实施标志管理制度。根据哈密瓜品种特性、质量、等级划分标准，推行哈密瓜生产档案登记制度、分级包装上市和产地标志制度。规范哈密瓜外包装印制内容，涵盖产地、品牌、品种、生产者、产品质量等级、检验人员、上市时间等。推行质量安全追溯制度，从哈密瓜生产、加工、包装、运输、市场销售各环节进行全程监控，逐步建立和完善生产记录存档可查、产品流向可追踪、运输信息可查询的产、供、销一体化的哈密瓜质量安全追溯信息网络。

4 新疆葡萄产业发展

4.1 新疆葡萄生产

4.1.1 主要品种与种植规模

新疆葡萄栽培历史悠久，有多达600多个品种，种质资源丰富多样。大部分葡萄属欧亚种，穗大粒大，外形美观，含糖量高，丰产，耐贮性较强。目前，在新疆区域内形成一定栽培面积的品种有近20个，包括：京早晶、牛奶、晚红（红地球）、和田红、木拉格（木纳格）、巨峰等鲜食品种；霞多丽、白诗南、白玉霓、黑比诺、西拉、赤霞珠、雷司令等酿酒品种；喀什喀尔、琐琐制干品种；粉红太妃制罐品种；无核白兼具鲜食与制干品种。

新疆是我国最大的葡萄产区，全区（除克拉玛依市）13个地区和自治州都有葡萄栽种。2009年，新疆葡萄总产量（不包括新疆生产建设兵团）141.72×10^4t，种植面积$93.02\times10^3hm^2$，平均单产17.2t/hm^2，总产值29.06亿元。其中，无核葡萄总产量84.44×10^4t，种植面积$34.57\times10^3hm^2$，分别占全区的59.58%和37.16%。

4.1.2 区域布局

新疆因其地域广袤，各区域自然气候和环境条件差异明显，葡萄种植也呈区域性分布。按新疆五大地域划分，东疆地区一直是新疆第一大葡萄种植区，2009 年葡萄种植面积 $52.55\times10^3hm^2$，占全区葡萄总种植面积的 56.49%，产量 67.71×10^4t，占全区葡萄总产量的 47.78%。该区域葡萄种植主要集中在吐鲁番地区，以发展葡萄制干业为主，无核白葡萄为主栽品种，同时，鄯善县还有大面积的酿酒葡萄种植。天山北坡经济带兼有鲜食与酿酒葡萄种植，玛纳斯平原和石河子等天山北麓地区是全国优质酿酒葡萄产区，该区域葡萄种植面积 $9\times10^3hm^2$，占全区的 11.09%，产量 11×10^4t，约占全区葡萄总产量的 7.90%。北疆西北部的葡萄种植以伊犁河谷为主，塔城、博尔塔拉与阿勒泰种植较少，伊犁河谷有大面积的红地球葡萄种植基地，该区域葡萄产量 6.03×10^4t，约占全区葡萄总产量的 4.25%。南疆东北部葡萄种植区包括巴音郭楞与阿克苏，该区域 2009 年葡萄种植面积 $22.05\times10^3hm^2$，占全区的 23.70%，产量 12×10^4t，仅占全区葡萄总产量的 8.81%。南疆西南部葡萄种植区包括喀什与和田，以大量种植优质鲜食品种如木拉格、和田红等为主，兼具少许制干品种，该区域仅次于东疆地区，葡萄种植面积 $26.22\times10^3hm^2$，占全区的 28.19%，产量 26.04×10^4t，占全区葡萄总产量的 18.37%。

4.1.3 在全国的地位与优势

新疆葡萄悠久的栽培历史和生产优势，早已确立了在全国不可替代的地位，葡萄产量与生产规模在全国一直处于龙头地位，葡萄品质也优于国内的同类品种。

（1）规模优势。新疆葡萄种植面积在 1991—1997 年之间缓慢下降，从 $33.1\times10^3hm^2$ 下降到 $28\times10^3hm^2$，在全国的比重也由 29.1%下降到 17.7%。1998 年以后缓慢增长，种植面积从 $32\times10^3hm^2$ 增长到 2009 年的 $114.68\times10^3hm^2$，年均增长 $7.5\times10^3hm^2$，占全国葡萄种植面积的比重也在不断提高，2009 年达到 24.11%。特别是 2003 年以来，全国葡萄种植面积有所下降，但新疆葡萄种植面积仍保持增长势头，在全国的地位和优势十分突出。

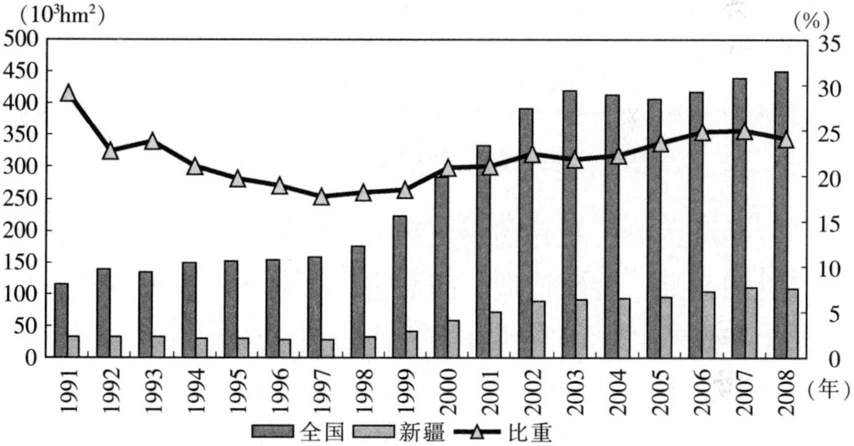

图 4-1 全国与新疆葡萄种植面积及变动

（2）产量优势。1991 年以来，新疆葡萄产量呈持续增长的趋势，但增长速度明显慢于全国。1991—2001 年，虽然新疆葡萄产量总体上处于增长趋势，但在全国的比重却处于不断下降状态，产量从 35.6×10^4t 增加到 66.2×10^4t，占全国葡萄总产量的比重从 38.8%下降到 18.0%。2001 年以来，新疆葡萄产量增长加快，产量增长到 2009 年的 193.22×10^4t，9 年间产量增加了 1.9 倍，年均增长 15.88×10^4t；而同期，全国葡萄产量只增加了 1.2 倍，占全国的比重也上升到 24.33%。

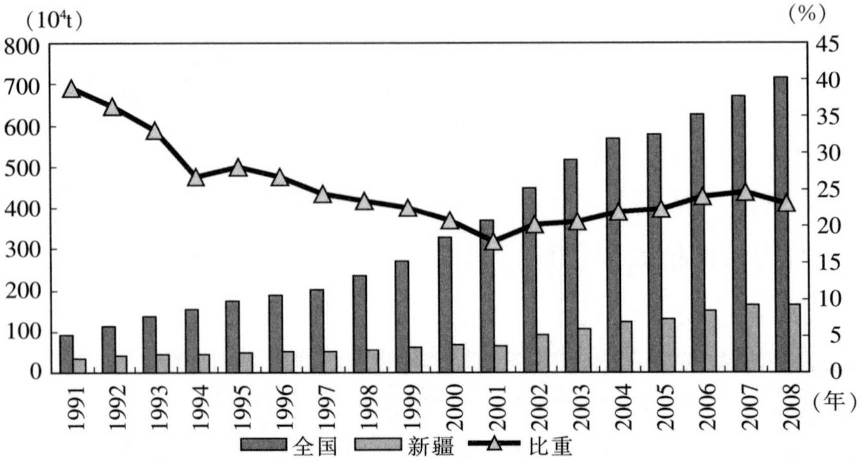

图 4-2 全国与新疆葡萄产量及变动

(3) 品质优势。新疆葡萄与我国内地相同品种葡萄相比优势明显，含糖量高，含酸量低，固形物含量均高于内地所产同种葡萄。其中，新疆吐鲁番牛奶葡萄比内地葡萄固形物最高的陕西眉县牛奶葡萄高 5%，含酸量低 0.2%。和田龙眼葡萄固形物高于内地河北张家口龙眼葡萄 3%，高出陕西眉县、山东济南同种葡萄的 6%～9%。吐鲁番无核白葡萄固形物高达 25%～26%，比内地相同品种高 7%～8%。

表 4-1 新疆葡萄与内地葡萄品质比较

单位：%

	牛奶葡萄固形物	含酸量	龙眼葡萄固形物	含酸量	无核白葡萄固形物	含酸量
新疆						
吐 鲁 番	21.0	0.30	—	—	25.0～26.0	0.50

（续）

	牛奶葡萄固形物	含酸量	龙眼葡萄固形物	含酸量	无核白葡萄固形物	含酸量
鄯　　善	21.0	0.30	—	—	21.0～25.0	—
和　　田	19.0	—	22.0	—	22.4	0.58
奎　　屯	14.5	0.39	—	—	24.3	0.66
伊　　宁	17.0	—	21.0	—	18.0	—
内地						
北　　京	12.0	—	13.4	—	18.0	—
河北张家口	15.0	0.50	19.0	1.00	—	—
山东济南	13.0	0.50	13.0	0.70	18.0	—
陕西眉县	16.0	—	16.0	0.70	—	—
辽宁兴城	15.0	—	16.0	0.60	—	—

吐鲁番市和鄯善县牛奶葡萄固形物含量较高，达 21.0%。吐鲁番无核白葡萄固形物含量最高，达 25.0%～26.0%，含酸量最低，只有 0.50%。

4.2 新疆葡萄产业化发展状况

葡萄消费可分为三个类型：鲜食、酿酒和制干。在世界葡萄总产量中，约 80%用于酿酒，13%用于鲜食，约 7%用于制干、制汁等。新疆葡萄用于晾晒制干的较多，占其总产量的 50%，用于酿酒的仅占 2%，其余用做鲜食。

4.2.1 鲜食葡萄

（1）鲜食葡萄生产状况。新疆有很多优良的鲜食葡萄品种，如木纳格、无核白、红地球、和田红、牛奶葡萄等。2009 年，新疆鲜食葡萄种植面积 $56.71\times10^3hm^2$，挂果面积 $43.82\times10^3hm^2$，总产量 85.89×10^4t，实现产值 18.32 亿元，是全国最大的鲜食葡萄产区。

新疆鲜食葡萄主要分布于东疆吐鲁番、哈密，天山北坡经济带的昌吉、石河子，南疆阿克苏、巴音郭楞、克孜勒苏、喀什、和田等地。

（2）鲜食葡萄产业化模式。鲜食葡萄具有易腐烂的特质，并且在一定时间内集中上市。因此，产业化发展有利于组织农户规模生产，提高鲜食葡萄质量和市场竞争力，促进农民增收。新疆鲜食葡萄产业化模式主要有三种。

模式一："公司＋科技＋基地＋农户"的"股田制"模式。该模式以地方园艺工作站为技术依托，地方政府出资，有实力的农业产业化公司牵头，组建成立合作组织（有限责任公司）。运作机制是园艺工作站主要负责解决生产管理过程中的技术问题，合作组织解决生产管理过程中的资金和销售问题。如昌吉市天山金提农业有限责任公司，农户以葡萄园和劳动力入股，每亩每年 1 000 元，其中葡萄园折合每年 400 元，劳动力折合每亩 600 元。公司以生产资料和技术入股，每亩每年 1 000 元，股份农民占 51%，公司占 49%。产品销售所得首先返还农户葡萄园及劳务费 1 000 元股本，其次扣除公司农业生产资料投入费用，盈余所得按照入股比例进行分配。

模式二："专业合作社＋农户"模式。专业合作社可以是政府、供销社牵头成立，也可以由农户自发组织，众多农户自愿参与。专业合作社制定葡萄种植标准，规范农民生产、施肥、喷药等标准。专业合作社对入社社员的葡萄种植过程全程追踪，只要符合标准都由合作社收购，然后按统一的包装打上品牌推向市场。合作社在经营过程中赚取的差价，年底按股份给农户分红利。

模式三："专业市场＋农户"模式。该模式通过专业市场与生产基地或农户直接沟通，以合同形式或联合体形式将农户纳入市场体系，从而做到市场带动产业、产业带动千家万户，形成专业化市场，按照市场需要调整种植结构。专业市场提供市场信息、农用生产资料、葡萄产品流通场所，做好生产技术服务等。

4.2.2 葡萄酒开发

（1）葡萄酒产品。目前，新疆是我国酿酒葡萄十大产区之一，主要集中在吐鲁番盆地的鄯善，玛纳斯平原和石河子地区。这些区域是世界上最适宜的葡萄酒原料种植区之一。土壤为沙质土，气候干燥，无病虫害，有效积温高，日照充足，昼夜温差大，有利于糖分的迅速积累。新疆葡萄酒产品主要有甜白、干白、半干、桃红、干红、甜红等，2009 年 1～9 月，新疆葡萄酒产量达 6 485.76×10^3L，与 2008 年同期相比增长 1.79%，占全国当期总产量的 1.04%。

（2）酿酒葡萄产业化模式。近年来，新疆酿酒葡萄产业化发展势头迅猛，现在已经建成亚洲最大的酿酒葡萄栽培基地。新天国际葡萄酒业有限公司是新疆最大的葡萄酒生产企业，拥有新疆最大的酿酒原料基地，已建成西起霍尔果斯，东至昌吉、阜康的 10×10^3 hm^2 酿酒葡萄基地，带动基地 1.2 万农户参与酿酒葡萄的种植。

新疆葡萄酒生产企业主要有新天国际葡萄酒业有限公司、新疆西域酒业有限公司、新疆楼兰酒业有限公司、新疆焉耆乡都酒业有限公司、新疆正通葡萄酒厂、新疆伊犁葡萄酒厂等。新天酒业公司是中国西部最大的葡萄产业化企业，被列为新疆和新疆生产建设兵团葡萄产业化的龙头企业。公司沿伊犁河谷至天山北坡建立的葡萄基地是新疆葡萄酒产业最为重要的生力军。

以新天酒业公司为代表，新疆酿酒葡萄产业化模式有三种。

模式一："龙头企业＋基地"模式，即公司全额投资建设葡萄种植基地，基地的产权归公司所有，由公司员工负责葡萄的种植经营。目前，公司共建成自有基地 1 300hm^2，但由于自建基地的投入较大，该模式在公司原料来源只占较小比重，其主要起样板示范作用。

模式二："龙头企业＋承包土地"模式，即公司采取承包、租赁的方式获得适宜葡萄种植的土地，由公司派员工进行葡萄的种植管理，该模式发展的面积也较少，主要集中在新疆伊犁地区。

模式三："龙头企业＋农户"模式，即公司与农户签订葡萄购销订单，订单期限一般为 10 年、30 年、50 年，由农户自行种植和管理葡萄，公司给予必要的技术支持，葡萄收获时公司按照订单中规定的质量标准和收购价格收购农户的葡萄原料。目前，采用订单农业生产模式的葡萄种植占到公司基地原料种植面积的80％左右。

4.2.3 葡萄干市场

（1）葡萄干生产。新疆吐鲁番地区是全国葡萄干产量最多、历史最悠久的产区，约占全国总产量的 75％。新疆葡萄干主要产自吐鲁番地区，以生产绿色无核葡萄干为主，也生产有核和无核的红褐色葡萄干。由于吐鲁番独特的地理气候条件，其葡萄含糖量高、病虫害少，经过晾房晾制的葡萄干色泽翠绿、酸甜可口，与其他地区相比，品质卓越。吐鲁番葡萄干 2003 年申请成功“原产地域产品保护”。目前，吐鲁番地区葡萄干加工企业 95 家，年加工总能力可达 12×10^4t 规模。2008 年，吐鲁番葡萄干产量 10.3×10^4t，当地农民收入的 70%左右来自葡萄和葡萄干生产。此外，新疆和田地区主要生产红褐色有核葡萄干，喀什、阿克苏、哈密等地也有少量葡萄干生产。

（2）葡萄干出口。2004—2008 年，新疆葡萄干出口额从 101.43 万美元增加到 619.5 万美元，年均增加 129.5 万美元，出口量增加了 4 倍多，年均增加 837.4t，2008 年出口量达到 4 154.8t。新疆葡萄干出口世界 140 多个国家和地区，出口前五位的国家是沙特阿拉伯、印度、英国、美国和阿联酋。

4.2.4　葡萄旅游开发

葡萄旅游是把葡萄与旅游业结合在一起，利用葡萄景观和农村空间吸引游客前来观赏、游览、品尝、休闲、体验、购物的一种新型农业经营形态，以广泛的葡萄资源为基础开发旅游产品，为游客提供特色服务的旅游业，凭借葡萄园的农业性与生态性满足游客的娱乐性，促进农民增收、农业增效、农村繁荣。

（1）吐鲁番葡萄沟。吐鲁番葡萄沟位于“火洲”吐鲁番市东北的火焰山谷中，南北长约 7 千米、东西宽约 2 千米。这里依山傍水，安静、幽雅，景物天成，数条葡萄长廊深邃、幽静。葡萄沟主要种植无核白葡萄，皮薄、肉嫩、多汁、味美，营养丰富，素有“珍珠”美称，其含糖量高达20%～24%，超过美国加利福尼亚州的葡萄，居世界之冠。用无核白鲜葡萄晾制的葡萄干，含糖量高达60%，被人们视为葡萄中的珍品。此外，还有牛奶葡萄、红葡萄、喀什喀尔、百加干、梭梭等13个葡萄品种。每年8月，这里都举办葡萄节，吸引了大量中外宾客前来旅游观光和进行经贸洽谈。

（2）和田葡萄长廊。新疆和田县葡萄长廊长达1 500千米，是当地为节省耕地，利用农田道路，将葡萄种在道路边上，枝蔓架在道路上方形成的葡萄奇观，取得了明显的经济效益、生态效益和社会效益。葡萄长廊是戈壁绿洲的一大景观，创造了葡萄栽培史上的奇迹，受到中外游客的高度评价。

4.3 新疆葡萄产业化发展中的问题与障碍

4.3.1 生产效率不高，精深加工程度低

新疆葡萄单产15.15t/hm^2，低于全国平均水平，葡萄生产效率不高。目前，新疆虽然是全国最大的葡萄产区，但无法及时加工处理，晾晒制干达50%，葡萄产品未能向深度加工、提高附加值的方向发展。吐鲁番葡萄干在国内外市场上只是低端产品，与进口葡萄干价格相差8～10倍，加工环节关键设备落后，直接影响产品包装和质量。

4.3.2 运输距离远，物流成本高

新疆地处我国最西端，通往内地的交通线路长，新鲜葡萄很难及时、安全、低成本地运往内地大城市，运往国内主要市场的

物流成本高，加之内地市场葡萄竞争激烈，新疆葡萄在内地市场受到价格高和保鲜难度大的制约。对于新疆本地市场，鲜食葡萄的需求基本饱和，需求价格弹性接近于1，通过提高价格增加果农收入的预期受到限制，农户种植葡萄的积极性不高。

4.3.3 果农组织化程度低，利益联结不紧密

目前，新疆葡萄果农组织化程度依然很低，大多是一家一户种植葡萄，比较松散，不便于统一种植与标准化管理，对化肥、农药施用量不尽相同，造成收购中葡萄品质不符合要求，企业完不成收购数量，果农获得效益有限。此外，企业在业绩不佳、资金紧张时，对葡萄订单采取违约办法以求自保，减少企业经济损失；或者收购中压级、压价，拖欠果农收购款也时有发生。同时，果农出于短期利益的考虑，将葡萄原料转卖给价格较高的收购企业，也存在不同程度的违约行为。

4.3.4 品牌建设和保护意识不强

新疆葡萄和葡萄干在海内外享有盛誉，知名度很高，但相关主体的品牌建设和品牌保护意识却不强。在品牌创建过程中，企业和政府往往认为，只要注册了商标，在包装物上标注标示就是品牌建设，对于品牌管理、维护和拓展的意识不强。如吐鲁番在成功申请了“吐鲁番葡萄干”原产地域保护以后，没有持续保护和创建品牌，存在一些假冒品牌，导致市场上“吐鲁番葡萄干”售价下跌，影响了吐鲁番葡萄的原产地信誉。

葡萄酒是重要的葡萄深加工产品，具有很高的附加值。作为中、高档消费产品，葡萄酒对文化和品牌的要求很高，新疆有悠

久的葡萄栽培历史和文化，适合发展葡萄酒产业。但目前新疆葡萄酒生产企业缺乏品牌意识，生产规模小。新疆葡萄产量 2003 年 106.6×10^4 t，占全国的 20.6%，但当年葡萄酒产量还不及山东，销售收入远不及河北、天津等地，与葡萄生产基地的地位极不匹配。此外，新疆“新天”、“楼兰”等葡萄酒品牌，在全国的影响力与市场占有率远不及“张裕”、“长城”和“王朝”等，品牌宣传力度不够，消费者认可程度低。

4.4 新疆葡萄产业化发展的对策建议

4.4.1 发展高档鲜食葡萄，加强反季节销售

新疆鲜食葡萄消费应大力发展高档鲜食品种，走高端路线，树立新疆葡萄优质、高档形象。同时，在葡萄集中收获季节，开通东部大城市的快速货运列车，以较短时间与较低成本进入国内主要消费市场，降低运输成本，提高市场占有率。

目前，新疆葡萄集中上市期的售价只有春节、元旦等节日时期售价的 1/5～1/6，因此，应加强鲜食葡萄贮藏、保鲜技术研发及应用推广，推迟上市期，抓住重点销售季节，扩大反季节销售，将有利于增加果农收入。

4.4.2 大力发展葡萄制干产业

一是要重点解决葡萄干清洗和加工技术，尤其要解决绿葡萄干清洗不变色的技术难题，才能使葡萄干生产走出困境，求得发展。二是要研制开发多品种葡萄干，如金黄色、琥珀色、红色，尤其是黑色品种、有香味品种、不同肉质品种、糕点用加工品

种、可膨化品种等。三是要研制开发多种类型和型号的产品，主要在包装上下工夫，生产市场喜爱的多种类型产品，以满足不同层次、不同用途的消费需要。还应该扩大制干范围，提高葡萄干产量。

4.4.3 积极发展葡萄旅游观光产业

依托新疆独特的西域自然和民族风情，推出以葡萄采摘、品尝、休憩为主，融合地域人文文化的旅游特色产品，让游客深度体验葡萄采摘过程，感受葡萄庄园的宁静、清新和回归大自然的感觉。以葡萄旅游为龙头，带动餐饮、交通运输、农产品加工等行业的发展，增加葡萄生产的附加值。

4.4.4 完善信息流通体制

由于葡萄采摘后极易腐烂，给鲜食葡萄的贮运、销售及拓宽市场带来困难，完善信息流通体制至关重要。应将目前以信息提供为中心的信息流通管理体制转变为以最终需求者为中心的信息流通综合系统，强化国内外科技信息资料的收集和供给，使企业、果农及时了解最新的国内外市场动态、最新技术发展动态、关税和技术标准以及包装要求等相关方面的信息，使企业与果农依据市场适时选择生产活动，更好地适应大市场的发展要求。

5　新疆库尔勒香梨产业发展

5.1　新疆库尔勒香梨生产状况

5.1.1　产区地理环境特点

库尔勒香梨果型独特，品质优良，鲜果含水量高达80%以上，含糖量10%，富含维生素C，且皮薄肉细、酥脆多汁、香甜爽口，被誉为梨中珍品。产品在国内外市场上享有盛名，多次在全国果品评优会上获奖，产品销往全国各大城市，还远销中国香港、中国澳门、中亚、东南亚、东欧等国家和地区，是新疆出口创汇的重要果品，在新疆果品生产中占有重要地位。

库尔勒香梨生产区域属典型暖温带大陆性干旱荒漠气候，年平均气温1.49～10.5℃，≥10℃积温4 038.5～4 104.9℃，无霜期170～227d，日照时数2 762.1～3 186.3h，年平均相对湿度45%～50.3%，干燥度39.6～63.3。正是这些地区典型的内陆暖温带干旱气候、特殊的地理环境、特定的光热条件以及上千年的驯化栽培，才形成了库尔勒香梨独特的品质和极强的地域性特点。也只有在这些地区库尔勒香梨树生长发育正常，产量稳定，品质优良，果型端正。库尔勒香梨对气候的特殊要求注定其生产发展范围不能无限扩张，生产具有区域垄断性。

库尔勒香梨已形成四个相对独立的栽培区域。主要分布在巴音郭楞蒙古自治州境内孔雀河流域的库尔勒市、尉犁县，迪那河流域的轮台县，阿克苏河流域的阿克苏市、温宿县、阿瓦提县、阿拉尔市，渭干河流域的库车县、沙雅县、新和县。

5.1.2 生产规模

库尔勒香梨是新疆驰名中外、出口创汇的重要果品，在新疆果品生产中占有重要地位。随着市场对库尔勒香梨消费需求的不断增加，库尔勒香梨生产有了很大发展，种植面积有一定扩大，产量逐年提高，并逐步向无公害、绿色、有机果品的生产标准发展。库尔勒香梨产区相对集中，主要集中在巴音郭楞和阿克苏的适宜区域，其中，巴音郭楞种植面积较大，产量相对也较高，阿克苏种植面积和产量相对较低，但单产水平高于巴音郭楞。

2009 年，库尔勒香梨种植面积 $51.13\times10^3hm^2$，产量 57.73×10^4t，挂果面积 $32.19\times10^3hm^2$，占新疆香梨总种植面积的 62.96%；库尔勒香梨的无公害、绿色、有机种植面积 $12.7\times10^3hm^2$ 左右，占总种植面积的 25%。其中，巴音郭楞香梨种植面积 $35.55\times10^3hm^2$，占新疆香梨总种植面积的 69.53%，产量 33.26×10^4t，占新疆香梨总产量的 57.61%，无公害、绿色、有机香梨种植面积 $3.2\times10^3hm^2$ 左右，占总种植面积的 6.4%。阿克苏香梨种植面积 $14.16\times10^3hm^2$，占新疆香梨总种植面积的 27.69%，产量 22.16×10^4t，占新疆的 38.39%，无公害、绿色、有机香梨种植面积 $9.5\times10^3hm^2$ 左右，占总种植面积的 19%。

库尔勒香梨单产水平存在区域差异。2009 年，库尔勒香梨平均单产为 $11.29t/hm^2$，其中：巴音郭楞库尔勒香梨单产为 $9.36t/hm^2$，阿克苏为 $15.65t/hm^2$。

表 5-1 新疆库尔勒香梨生产布局

项目	阿克苏	巴音郭楞
种植面积（$10^3 hm^2$）	14.16	35.55
挂果面积（$10^3 hm^2$）	11.99	18.81
无公害、绿色、有机林果面积（$10^3 hm^2$）	3.2	9.5
株数（万株）	499.59	1 136.9
挂果株数（万株）	402.06	498.34
总产量（$10^4 t$）	22.16	33.26

5.1.3 品种及分级

库尔勒香梨分为特级梨、一级梨、二级梨，商品率可达95%以上，单果重 120g 的特级梨占 40%，单果重 100g 以上的特级梨占 30%，一级梨占 40%，二级梨占 5%，优质果率达70%～80%，符合出口标准高档果比率占整个梨果的 50%左右。

库尔勒香梨新优品种较多，产地科研人员先后筛选出了新梨5 号、新梨 6 号、新梨 8 号、新梨 10 号、新梨 11，农二师的新梨 2 号、84-4-54，沙依东园艺场的新水、丰水、水晶梨、新世纪。近年来育成的新梨 1 号（代号 75-1-14）、红香酥（代号80-4-6）、新香梨（暂定名）、香妃梨（代号 74-7-8）、香葫芦梨（169）、金佛梨、81-11-69、酥香梨（代号 85-8-15）等，梨果个大、成熟早、外形正、品质好，使库尔勒香梨的商品性状更适应市场需求。

5.1.4 质量安全体系建设

农产品质量安全标准体系是以产品、过程、服务、管理为中心，将生产或加工的全过程中所涉及的全部标准综合组成的，涉及农产品产前、产中、产后各环节，贯穿于农产品生产的整个过程。

2010 年 5 月新修订的《库尔勒香梨标准体系》，从品种、苗木、生产、管理、销售、贮藏、加工、包装、产品质量检验等方面，对库尔勒香梨的产前、产中、产后环节进行规范。标准体系包含单项标准 65 项，分为 5 个部分。

(1) 库尔勒香梨品种、苗木及产地环境标准体系。主要包括品种、苗木、育苗技术、无公害食品以及绿色食品梨产地环境等内容，共计 3 个自治区地方标准，2 个国家农业行业标准。

(2) 库尔勒香梨管理标准体系。主要包括库尔勒香梨栽培技术、库尔勒香梨乔化密植栽培技术、无公害库尔勒香梨栽培技术、库尔勒香梨病虫防治和化学除草技术、库尔勒香梨低产园改造技术等内容，共计 5 个自治区地方标准。

(3) 库尔勒香梨产品质量及安全质量标准体系。主要包括库尔勒香梨、无公害库尔勒香梨以及绿色食品鲜梨的产品质量等内容，共计 2 个自治区地方标准，2 个国家农业行业标准。

(4) 库尔勒香梨包装与标识及贮藏、保鲜标准体系。主要包括库尔勒香梨包装与标识、库尔勒香梨贮藏与保鲜等内容，共计 5 个国家标准，1 个国家农业行业标准，1 个自治区地方标准，1 个巴音郭楞蒙古自治州地方标准。

(5) 库尔勒香梨质量检验技术标准体系。主要包括库尔勒香梨质量检验的取样方法、内在质量和有害化学物质检测方法等内容，共计 20 个，全部为国家标准。

5.2 新疆库尔勒香梨产业化状况

5.2.1 龙头企业

龙头企业是库尔勒香梨产业化发展的“火车头”，其经济实力的强弱和带动能力的大小，直接决定着库尔勒香梨产业化发展的程度和水平。目前，新疆拥有沙依东园艺场、拓普农产品公司、香梨股份、冠农果茸、世光、金丰利等10余家龙头企业。企业以香梨为主导产品，集生产、加工、贸易、出口于一体，通过“公司＋基地＋农户”的经营模式，把香梨种植、保鲜、加工、仓储、运输、营销等环节紧密连接起来，提高了市场竞争力，促进了香梨产业化发展，已形成“市场牵龙头，龙头带基地，基地连农户”的格局。公司通过农场提供先进技术，农户提供优质产品，公司与农户共担风险，农户保证果品产量和质量，公司保证果品价格稳定和销售渠道畅通，调动了农户的生产积极性，促进了香梨产业良性循环发展。“公司＋基地＋农户”的经营模式，不但有利于农民提高收入，减少风险，更有利于加快新疆农业产业化的发展。

5.2.2 香梨协会

香梨协会是香梨产业化经营中不可缺少的农民组织形式，是市场经济中各利益主体有效联合的平衡性组织结构，是龙头企业联结农户以及农户与市场接轨的纽带或桥梁。自1994年以来，为了更好地开拓香梨市场，促进农民与企业有机结合，香梨各产区都专门成立了香梨协会。香梨协会在香梨产业化发展中发挥了重要作用，有力地提高了香梨组织协调能力，降低了香梨因提前采收带来的负面影响。2005 年，香梨协会进行了整合改组，发挥了协会的桥梁与纽带作用，促进了香梨产业发展。

5.2.3 包装、贮藏、保鲜

库尔勒香梨主要以鲜食为主，精深加工产品较少。鲜果包装分为采摘时用的柳条筐加称垫或塑料桶，经分选、包拷贝纸、套发泡网套装入塑料周转筐或纸箱入库冷藏。销售到市场上的香梨均为包纸、套网、套纸箱装，净重 8.5kg/箱，也有 2～3kg/箱礼品小包装箱。用于出口的包装箱按要求规范张贴出口检验检疫标示，所有库尔勒香梨包装箱均张贴或直接印制库尔勒香梨地理标志。

近年来，新疆库尔勒香梨贮藏、保鲜环节发展势头强劲，库容量不断扩大，既带动了香梨种植业的发展，又促进了当地农村经济的发展。截至目前，主要用于香梨贮藏、保鲜的冷库已有 96 座，总库容量达 50×10^4t，其中普通库库容量 40×10^4t，气调库库容量 10×10^4t，入库保鲜率达到 85%。随着贮藏、保鲜技术的日益成熟，普通库贮藏香梨时间可达 10 个月，气调库可达 12 个月，实现了季产年销的目标。库尔勒香梨自当年 8 月底采收入库，可贮藏至翌年 8 月仍鲜嫩如初，保持原色、原味不变，好果率高达 95%～98%，保证了香梨品质与市场稳定。

5.2.4 品牌建设

长期以来，新疆把库尔勒香梨作为实施优势资源转换和农业经济结构调整、促进库尔勒香梨果农增收的重要产业，紧紧围绕香梨产业“特色、优势、绿色”，实现香梨“从田到箱”的全流程无害化操作，全力打造香梨特色品牌。库尔勒香梨已成为中国驰名商标，产品销往欧美、东南亚和中国香港、中国澳门、中国台湾等地区。

1995 年 6 月，“库尔勒香梨”被国家工商行政管理总局商标局核准成为全国第一个原产地证明商标，成为我国第一个获得地理标志商标的农产品；1999 年，“库尔勒香梨”获昆明世界博览会金奖；2002 年以来，“库尔勒香梨”连续两次被评为“新疆著名商标”，并于 2006 年 10 月被国家工商行政管理总局评为“中国驰名商标”，使其成为国际品牌。目前，新疆香梨已基本形成以中国驰名商标“库尔勒香梨”为品牌的一系列著名商标，如“沙依东”、“艾丽曼”、“东方圣果”、农二师“2+8”等品牌。

5.3 新疆库尔勒香梨出口状况

5.3.1 出口基地建设

随着库尔勒香梨种植面积、产量的不断增加，市场竞争日趋激烈。因此，提高管理水平，拓宽国际市场，扩大出口是产业发展、果农增收、企业增效的唯一出路。目前，库尔勒香梨出口注册登记梨园已有 $7\times10^3hm^2$，其中巴音郭楞 $4.44\times10^3hm^2$，阿克苏 $2.54\times10^3hm^2$，主要分布在沙依东园艺场、新疆生产建设兵团农二师、库尔勒市各乡（镇、场）及阿瓦提农场等产区。出口国家和地区主要有美国、加拿大、东南亚、中国香港与澳门。

出境注册果园按照国家相关法律和双边植物检疫协议要求进行生产管理，由国家质量监督检验检疫总局批准、备案，是经过输入国官方认可备案的梨园。由出口企业负责技术指导、收购产品，并对果农进行管理。目前，注册果园的果农能够掌握对果园管理与技术方面的要求，管理水平较一般果园的果农管理水平高，特级果率高。

5.3.2 出口市场构成及变动

库尔勒香梨在国内外市场享有较高声誉，国内市场主要集中在北京、上海、深圳、广州、昆明、重庆等大中城市，国外市场主要有东南亚、加拿大、美国、澳大利亚等国家和地区。新疆对库尔勒香梨很早就注重国际消费市场的开拓，1975 年开始出口新加坡、东南亚等国家和地区，1993 年建立出口注册果园，出口加拿大。2005 年出口澳大利亚，2006 年进入美国高端消费市场，2008 年成功进入英国、欧盟、南非等市场，2009 年出口伊朗。目前，还与泰国、智利、阿根廷、墨西哥、秘鲁签署了香梨出口议定书。

库尔勒香梨是新疆最具优势的出口林果产品，多年来出口呈持续增长趋势。2004—2008 年，出口量由 2.60×10^3t 增长到 7.72×10^3t，2007 年达 9.01×10^3t；出口额从 200 万美元增加到 1 037 万美元。出口市场比较集中，主要出口东南亚以及加拿大、美国、澳大利亚等国家和地区，此外，对哈萨克斯坦、英国和荷兰等也有少量出口。对东南亚和加拿大一直有出口，出口东南亚占香梨出口总量的 43%以上，主要集中在新加坡、印度尼西亚、马来西亚和泰国，柬埔寨也有少量出口。出口加拿大占香梨出口总量的近 18%。库尔勒香梨从 2006 年起开始出口美国，目前美国市场需求量巨大，已成为库尔勒香梨出口的主要市场，2006—2008 年，库尔勒香梨出口美国占香梨出口总量的 37%以上，2007 年高达 57.2%。

5.4 新疆库尔勒香梨产业发展障碍

虽然库尔勒香梨产业发展取得了可喜成就，但是仍然存在众多制约香梨产业发展的因素。长期以来，由于商品意识不强，管理粗放，采后处理和品牌宣传不够，市场开拓力度不大以及栽培的地理局限等因素，影响了库尔勒香梨的生产发展、经济效益和知名度。

5.4.1 管理粗放

缺乏总体规划，生产设施落后。在过去香梨市场行情看好时，一些产地规划失控，一哄而上，盲目扩大种植面积，在无标准的情况下进行无序开发。栽培香梨以后，由于生产设施落后，管理粗放，导致果品质量严重下降。

各地香梨栽培管理水平良莠不齐。由于各地栽培管理水平不一，导致一级果品率不高，小果多，着色不良，缺乏市场竞争力。同时，分散经营的地方，果农素质普遍偏低，致使现有的技术成果如施肥、灌水、剪枝、疏花疏果、病虫防治、适期采收等得不到科学有效地利用，生产的果品质量不高。

5.4.2 品种质量下降

一是随着库尔勒香梨种植面积的不断扩大，“正宗”苗木跟不上，苗木成活率低、成本高，而从大果园生产树采集的接穗，很大部分属退化或病弱穗条，接穗新植的香梨树品质差。二是果农擅自提前采收，导致品质下降。部分企业为抢占市场，出高价提早采收，将采收期由正常的10月上旬提前到9月中旬抢青下梨，导致香梨果小、皮厚，果心大，石细胞粗，肉硬，汁少味淡，失去了香梨原有的色泽和风味，严重影响了库尔勒香梨的出口创汇及声誉。三是香梨采收后商品化处理能力低，从采收到销售，一般损失20%～30%，因为没有机械分级、清洗和加工，人工分级多不符合标准，包装技术和材料近年来虽有所改进，但仍然比较落后，再加上运输条件差，果品鲜度大大降低，直接影响了果品质量。

5.4.3　包装档次低

目前，库尔勒香梨包装形式单一、包装档次偏低，尤其是中高档香梨包装档次低，包装纸箱的规格尺寸及印刷方式五花八门，“一流产品、二流包装、三流价格”的现象仍然普遍存在。同时，香梨销售中一直没有统一的品牌和标识，只是笼统地标注“香梨”、“新疆香梨”，或者是“中国新疆特产”、“中国新疆香梨生产基地”等，标注商标上虽有“孔雀河”、“沙依东”、“艾丽曼”、“东方圣果”、“2+8”等，但消费者分不清正宗库尔勒香梨标识。五花八门的包装、不规范的标识、杂乱的商标，不利于库尔勒香梨扩大对外宣传和提高知名度。

5.4.4　市场机制不完善，营销渠道单一

一是市场机制不完善，管理体制不协调。库尔勒香梨属鲜活商品，流通必须快捷才能保证其品质，快捷的流通需要一个完善的市场机制。目前，新疆水果批发市场很少，国内外供求信息不

畅，在管理上还未完全形成产、供、销一体化的体制，农、工、商分离，各行其是，缺乏协作，中间环节多，运销时间延长，导致果品质量下降。二是市场营销形式单一，产品综合效益偏低。由于缺乏相应的营销队伍和深加工设施，导致营销形式单一，产品附加值低。发达国家的果品以原果进入市场的只占20%，大量的产品是经过深加工提高产值后投放市场的，而库尔勒香梨基本上是出售原果，效益低，附加值低。

5.5 促进新疆库尔勒香梨产业发展的对策建议

5.5.1 科学管理，提高香梨果品质量

香梨产业已经成为新疆特色林果业中一个重要的支柱产业，也成为当地很多果农的主要收入来源。由于香梨主要产区土地肥沃，且仅在当地盛产，具有极强的地域垄断性，几乎不能被模仿，有很强的地域特色和发展实力。因此，新疆应做好种植和开发管理的总体规划，预防果农盲目扩大种植面积，提高果农的标准化生产意识，改善香梨生产条件，提高香梨的产量及质量。每年拿出一定资金对广大果农进行技术培训，定期给果农做标准化生产知识培训，提高果农的香梨管理水平。引导果农学习科学的栽培技术，从施肥、灌水、剪枝、疏花疏果、病虫防治、适期采收等方面，进行正确引导，推广和普及实用先进技术。此外，为提高香梨果品质量，减少香梨采收后在包装、贮藏、保鲜、运输等环节中果品质量下降，在流通过程中要按照香梨贮藏和运输技术规范进行操作，提高香梨商品性，最终实现香梨在流通中增收。

5.5.2 注重包装，抓品牌建设

库尔勒香梨包装是库尔勒香梨商品流通的重要条件。在流通过程中，库尔勒香梨不加包装则无法运输、贮存、保管和销售，也不便于包装机械的运用。因此，一要注重做好形象策划，进行统一分级包装，实行严格的筛选和分级、分类包装，推行小包装、精美包装，做到“从田到箱”全过程无害化操作。二要按照特定品种、数量、规格、用途进行包装，每个包装单位的大小、轻重、材料、方式等，应按照目标市场顾客需求和包装技术要求进行，减少损耗，便于运输，节省劳力，提高仓容，保持库尔勒香梨卫生。同时，要便于消费者识别和选购，美化商品，扩大销售，提高库尔勒香梨市场营销效率。三要规范包装，统一香梨的品牌标识，加大宣传力度，增强品牌建设，提高香梨知名度。

5.5.3 完善营销渠道

一是健全和完善香梨收购、批发和销售环节，建立多种形式并存的流通渠道，积极引导各环节与市场紧密联系，参与竞争。香梨产业化经营中要发挥龙头企业的带头作用，加大香梨协会的中介作用，促进龙头企业与农户的协调发展，建立和创新“公司＋农民经济组织＋农户”的香梨产业化经营模式。二是大力培育、开拓香梨市场，加强果品产、供、销信息网络建设。坚持以市场为导向，建立一支高素质的销售队伍，形成良好的销售网络，创建一套开发市场和占领市场的营销策略。三是重视香梨加工和销售环节。香梨主要是以鲜食为主，其深加工产品市场很难开拓，因此，开发香梨深加工产品，提高产品附加值具有重要意义。

6　新疆红枣产业发展

6.1　红枣的营养价值

红枣又名大枣、干枣、枣子，起源于中国，在中国已有4 000多年的栽培历史，自古以来被列为“五果”（桃、李、梅、杏、枣）之一。红枣富含蛋白质、脂肪、糖类、胡萝卜素、B族维生素、维生素C、维生素P以及钙、磷、铁和环磷酸腺苷等营养成分，其中维生素C的含量在果品中名列前茅，有“维生素王”之美称。

红枣所含有的环磷酸腺苷是人体细胞能量代谢的必需成分，能够增强肌力、消除疲劳、扩张血管、增加心肌收缩力、改善心肌营养，对防治心血管系统疾病有良好的作用，还有较强的抗癌、抗过敏作用。中医中药理论认为，红枣具有补虚益气、养血安神、健脾养胃等作用，是脾胃虚弱、气血不足、倦怠无力、失眠多梦等患者良好的保健营养品。红枣对慢性肝炎、肝硬化、贫血、过敏性紫癜等病症有较好疗效。

6.2　新疆红枣生产与布局

6.2.1　总体生产及变动状况

枣树是我国的原产果树之一，适应性强，结果早，寿命长，管理方便，收益快。红枣经济价值高，是出口创汇的重要商品。枣树根系发达，保持水土能力强，对于防止水土流失、改善生态环境具有重要作用。新疆昼夜温差大，有效积温高，年日照时数多，无霜期长，光热资源丰富，非常适宜枣树的生长，且病虫害少，是生产无公害、绿色、有机红枣产品的理想基地，哈密大枣被新疆农业名牌认定委员会评为新疆八大农业名牌产品之一。

表 6-1 新疆红枣种植面积与产量

年份	红枣种植面积（$10^3 hm^2$）	红枣产量（$10^4 t$）
2000	5.17	0.71
2001	6.76	0.90
2002	18.84	1.21
2003	29.70	1.40
2004	41.50	1.58
2005	54.86	2.86
2006	80.14	4.65
2007	137.85	8.72
2008	215.55	9.31
2009	259.47	16.56

资料来源：2000—2009 年《新疆统计年鉴》；新疆维吾尔自治区林业厅

2000 年以来，特别是进入“十一五”时期，随着新疆农业产业结构调整力度不断加大，结构调整重点向发展特色林果业方向推进，红枣种植面积快速增加，由 2000 年的 $5.17\times10^3 hm^2$ 增加到 2009 年的 $259.47\times10^3 hm^2$，增加了 $254.30\times10^3 hm^2$，平均每年增加 $28.26\times10^3 hm^2$，年均增长 54.5 个百分点，是新疆“十一五”时期大力发展林果业以来增长最快的林果品种。同期，

新疆红枣产量由 0.71×10^4t 增长到 16.56×10^4t，增长了 15.85×10^4t，平均每年增加 1.76×10^4t，年均增长 41.9 个百分点。

2008 年，新疆红枣种植面积占全国红枣总种植面积的 12.9%，产量占全国红枣总产量的 3.1%，挂果面积占种植面积的 22.4%。随着大面积枣树逐渐进入盛果期，新疆红枣产量将大幅度增加。

6.2.2 区域布局

新疆红枣生产种植比较集中，主要分布在阿克苏、喀什、和田、巴音郭楞和哈密，这 5 个地区和自治州的种植面积占全区红枣总种植面积的 95.17%，产量占全区红枣总产量的 98.49%。阿克苏、喀什所占比重较大，种植面积占全区红枣总种植面积的近 76.04%。其中，喀什红枣种植面积最大，达到 $101.73\times10^3hm^2$，占全区红枣总种植面积的 39.21%；阿克苏红枣种植面积 $95.56\times10^3hm^2$，占 36.83%；哈密红枣种植面积 $18.49\times10^3hm^2$，占 7.13%。目前，阿克苏是红枣产量最大的地区，达到 7.62×10^4t，占全区红枣总产量的 46.01%。

表 6-2 新疆红枣生产布局

	哈密	和田	巴音郭楞	阿克苏	喀什	合计
种植面积（10^3hm^2）	18.49	14.89	16.26	95.56	101.73	246.93
占全区比重（%）	7.13	5.74	6.27	36.83	39.21	95.17
产量（10^4t）	0.48	1.54	3.03	7.62	3.64	16.31
占全区比重（%）	2.90	9.30	18.30	46.01	21.98	98.49

资料来源：新疆维吾尔自治区林业厅

6.2.3 无公害、绿色、有机红枣

新疆大部分红枣主要种植在南疆环塔里木盆地，工业污染较少，有利于发展无公害、绿色、有机红枣。目前，全区无公害、绿色、有机红枣的种植面积达 $37.24\times10^3 hm^2$，其中哈密种植面积 $14.73\times10^3 hm^2$，占全区无公害、绿色、有机红枣种植面积的 39.55%；巴音郭楞种植面积 $11.98\times10^3 hm^2$，占 32.17%；阿克苏种植面积 $7.45\times10^3 hm^2$，占 20.01%；和田种植面积 $2.15\times10^3 hm^2$，占 5.78%。但是，新疆无公害、绿色、有机红枣种植面积在全区红枣总种植面积中所占比重较小，仅占 17.28%，其中哈密占 6.83%，巴音郭楞占 5.56%，阿克苏占 3.46%，和田仅占 1.43%。

新疆红枣不仅种植面积增长快，而且栽种的品种也逐渐增多。主栽品种有：和田的骏枣，阿克苏的灰枣、冬枣、金丝小枣，若羌的灰枣，且末的赞皇大枣、灰枣等。由于鲜食品种如冬枣、梨枣受内地枣树发展较快的影响，种植规模逐渐缩小。

表 6-3 新疆无公害、绿色、有机红枣种植面积及比重

	新疆无公害、绿色、有机红枣种植面积 ($10^3 hm^2$)	各地无公害、绿色、有机红枣种植面积所占比重（%）	占新疆红枣总种植面积的比重（%）
新疆	37.24	100	17.28
哈密	14.73	39.55	6.83
巴音郭楞	11.98	32.17	5.56
阿克苏	7.45	20.01	3.46
和田	2.15	5.78	1.43

资料来源：新疆维吾尔自治区林业厅

6.2.4 出口基地建设

近年来，新疆按照“坚定不移地建设林果业基地，使之成为大幅度提高农民收入、长远造福人民群众的长盛不衰的支柱产业”的要求，立足实际，坚持以市场为导向，以基地建设为重点，以示范为带动引擎，不断加强红枣基地生产环节的科学管理，强化科技支撑，促进红枣产业又好又快发展。2008 年，红枣出口果园注册面积 $2.89\times10^3hm^2$，占全区出口果园注册面积的 4.62%，主要分布在喀什（$0.58\times10^3hm^2$）、哈密（$0.62\times10^3hm^2$）、阿克苏（$1.33\times10^3hm^2$）等地区。新疆红枣出口果园注册面积比重低，占全区红枣种植面积的 1.34%。

受各国消费习惯与消费偏好的影响，我国红枣主要出口到中亚、东南亚、西亚、俄罗斯、美国、中国香港及澳门等国家和地区。从目前新疆红枣注册果园出口方向看，出口方向比较集中，市场范围比较窄，主要出口到中亚、东南亚、西亚、日本以及中国香港等国家和地区。

表 6-4 新疆红枣出口基地

地区	基地面积（10^3hm^2）	出口方向
哈 密	0.62	日本、东南亚、中国香港
阿克苏	1.33	中亚、西亚、东南亚
喀 什	0.58	中亚、东南亚

6.3 新疆红枣加工业发展状况

新疆特色林果种植面积在迅猛发展的同时，各地也紧紧抓住商机，积极引进龙头企业参与林果业产业化开发，一大批龙头企业落户天山南北，以中粮屯河、天海绿洲、大德恒、冠农股份、果业集团、乡都酒业、拓普公司、香梨股份、华隆科技等为代表的龙头企业的辐射带动作用不断增强，不仅极大地促进了新疆林果产品加工业和流通服务业的发展，同时也提升了农村经济发展整体水平，进一步推动了工业化和城镇化发展进程。

2008 年，新疆红枣贮藏、保鲜、加工企业发展到 11 家。贮藏、保鲜、加工能力达到 7.9×10^4t，占当年红枣总产量的 85%。目前，阿克苏地区红枣加工企业 8 家，占新疆红枣加工企业总数的 70%以上，贮藏、保鲜能力占新疆红枣贮藏、保鲜能力的 60%左右，加工能力占新疆红枣加工能力的 85%左右。

表 6－5　新疆红枣加工企业发展状况

地区	企业名称	加工产品种类	产品品牌	加工能力（t）
喀　什	喀什莫峰酒业有限公司	沙棘酒、红枣酒、红枣汁	莫峰	2 100
阿克苏	阿克苏新圣源果汁有限责任公司	红枣、核桃、小白杏	新圣源	1 800
	库车县如克兰果汁饮料厂	红枣汁、黑加仑汁、酸梅汁	如克兰、爱乐热孜	500
	库车县繁乐万果品加工厂	红枣汁	繁乐万	300
	新和县越新枣公司	红枣		5 000

资料来源：新疆维吾尔自治区林业厅

2008 年，新疆红枣加工企业共有 5 家，年加工能力 9 700t，分布相对集中，主要分布在喀什、阿克苏。这 5 家企业加工的红枣产品种类主要有红枣酒、红枣汁等，加工产品品牌主要有莫峰、新圣源、如克兰、爱乐热孜、繁乐万等。

2008 年，新疆红枣贮藏、保鲜兼加工的企业有 6 家，其中自治区级企业 3 家。这些企业年贮藏、保鲜能力达到 2.70×10^4 t，年加工能力 4.25×10^4 t，这 6 家企业分布在巴音郭楞、哈密、阿克苏。加工的红枣产品种类主要有红枣、干枣、原生态枣、红枣汁、红枣醋等。加工产品品牌主要有康利果、大枣汁、天枣、天山贡、天山、雪绒花、鲜汇等。

表 6-6 新疆红枣贮藏、保鲜兼加工的企业发展状况

地　区	企业名称	贮藏能力（t）	加工能力（t）	加工产品种类	产品品牌
巴音郭楞	巴音郭楞蒙古自治州三海公司	10 000	3 000	红枣	康利果
哈　密	哈密地区乡镇企业供销社	500	3 000	干枣	大枣汁
阿克苏	阿克苏天海绿洲农业有限公司	5 000	3 000	原生态枣	天枣
	阿克苏天山枣业有限责任公司	500	800	红枣	天山贡、天山
	阿克苏新天果业	10 000	32 000	红枣、苹果	雪绒花
	阿克苏戈星枣业有限责任公司	1 000	650	红枣汁、红枣醋	鲜汇

资料来源：新疆维吾尔自治区林业厅

6.4 新疆红枣市场状况

6.4.1 价格

在市场经济条件下，红枣价格是由供给和需求双方共同作用决定的。由于新疆红枣主要以鲜食为主，不宜长期储存，因此，红枣的供给量主要取决于当年生产量，同时由于果树系多年生植物，生产周期长，新栽果树一般需要5～6年才能进入盛果期，即使价格再高，产量也不可能在短期内急剧增加；而需求量则主要由收入、人口、红枣本身价格、相关产品的价格以及消费偏好等因素决定。

从新疆主要果品市场价格看，红枣价格远远高于其他林果产品的价格，一些品质好的红枣价格更是高出很多，无论是产地批发价还是市场销售价都很高，表明近期红枣市场供不应求，市场发展前景良好。

表6-7 新疆主要果品价格

果品名称	产地批发价（元/kg）	市场销售价（元/kg）
库尔勒香梨	2.0～2.5	6.0～7.0
木纳格葡萄	2.0～3.0	3.0～4.0
红提葡萄	3.5～4.0	5.0～8.0
阿克苏苹果	1.8～2.5	4.5～5.5
皮牙曼石榴	6.0～10	8.0～12.0
核桃	18～20	30～35
红枣	18～20	25～45
若羌红枣	15～40	40～120
巴旦木	40～50	50～60
葡萄干	8.0～10	15～25
杏干	15～18	20～25

6.4.2 品牌建设

新疆大力实施红枣品牌战略，为红枣产品走出新疆、走出国门起到了重要作用。哈密大枣、阿克苏红枣、若羌红枣等主要红枣产品已获得国家地理标志保护产品称号，红枣品牌初步创建。“阿克苏和泽普的灰枣”被第一届中国红枣大会授予金奖。2009年，阿克苏围绕建设“中国枣园”大品牌战略，成功举办了“第五届全国干果生产与科研进展学术研讨会暨中国枣园发展高层论坛”，在国内引起强烈反响。这些都为新疆红枣在市场销售中开拓广阔市场，同时也为提高市场占有率创造了条件。

6.4.3 市场前景

由于不同国家和民族饮食消费习惯不同，加上目前我国还没有开发出国外消费者需求的枣产品，以及宣传力度不够，外国人对枣的营养、药用保健价值了解不够，外国人消费红枣的量很少。中国是世界上枣的最大生产国和枣产品的出口国，世界市场上90%以上的枣依靠我国供应，出口区域包括西欧、北美、非洲的20多个国家和地区。新疆红枣主要销往中亚、东南亚、西亚、中国香港等地区，购买红枣的主要消费者是外籍华人，其消费量占95%。

国外科学家利用先进的科学技术，深入研究了红枣的营养价值和药用功能，更加刺激了人们对红枣的消费欲望。特别是近年来外国人对中医的浓厚兴趣逐渐增强，枣逐步被不同国家、不同民族的消费者所认识，枣的消费市场逐步扩大。马来西亚人已把红枣作为冬季必食补品，俄罗斯人把红枣视为上等珍品，日本人十分珍爱以红枣为主做成的药膳，如八宝饭等。在国际市场上，1t鲜枣的价格相当于30t苹果或10t核桃的售价，货源奇缺，供不应求。新疆红枣销售价格一般为25～45元/kg，其中，若羌红枣售价高达120元/kg，新疆红枣市场潜力很大。

6.5 新疆红枣产业发展面临的问题及对策建议

6.5.1 面临的问题

第一，新疆红枣价格较高。2008 年，新疆红枣价格在 40 元/kg左右；2009 年，新疆骏枣价格 15～18 元/kg，灰枣价格22～28 元/kg，若羌红枣售价高达 120 元/kg，红枣价格明显比内地产区高出很多。近几年持续的红枣市场高价格走势，吸引了大批农民转入种植红枣行列，发展速度和发展规模迅猛。目前，绝大多数红枣果树还尚未进入盛果期，产量有限，市场供不应求，然而，一旦进入盛果期，其产量规模的大幅度快速增长，将可能会出现供大于求的局面，如果红枣加工业不能快速成长，加之市场开拓能力不足，不仅会影响到红枣的市场价格，更严重的是可能会影响到果农的利益，出现“果贱伤农”的局面。

第二，新疆红枣加工产品少，品种单一，附加值低。目前，新疆红枣大多以鲜食进入市场，红枣加工企业的加工能力严重不足，且技术落后，加工品种比较单一，致使新疆红枣的加工转化能力弱，附加值低，商品率不高，商品化处理手段落后，产品分级包装水平也不高，产业化经营还处于一个较低的层面，已严重影响红枣产业化发展。

第三，新疆红枣市场体系不完善。我国红枣主产区主要在河北、山东、山西、陕西和河南等地，其市场发育状况相对完善。而新疆红枣基地也只是近几年才逐步被重视，没有专门的产地批发市场，消费地市场开拓不利，红枣产品市场发育很不完善，流通在一定程度上已成为制约红枣产业发展的瓶颈，新疆红枣产品的市场竞争力面临着很大的挑战。

第四，新疆红枣供给处于市场的低端，不能分享到流通环节中的利益分配。目前，新疆红枣市场发育尚处于初级阶段，市场流通的中介组织相对较少，阿克苏作为新疆红枣最大的主产地，红枣专业合作组织少，龙头企业带动作用不明显，大多数果农无法及时准确地掌握红枣市场信息，只能以初级产品低价卖给中间商，中间商和收购企业却能从中获得较高的利润，出现了产地红枣价格较低，销地红枣价格较高，而果农却无法享受到中间环节利益分配的现象，这已成为新疆红枣产业发展面临的一大困境。

6.5.2 对策建议

一要因地制宜地适当控制发展速度和规模，并引导红枣产业链中各个市场主体合理定位新疆的红枣价格。

二要大力培育和发展红枣龙头企业。实施集团化发展战略，在加强红枣基地建设的同时，加大招商引资力度，构筑产业龙头，以实力较强的红枣加工企业为主体，实行强强联合，成立相应的红枣产业集团，与农户结成风险共担、利益共享的经济联合体，使农户从红枣产业化经营中得到实惠，实现一体化经营。

三要加强市场体系建设，促进产销衔接。通过举办枣节、在央视等主流媒体上进行多种方式和形式的品牌宣传，进一步加大产品宣传力度，提高新疆红枣的知名度。实行政府牵头，加强市场管理，加大打假力度，严厉打击市场上以次充好、以假乱真、乱打牌子的不法行为，规范市场经营秩序。

四要加强红枣市场信息网络建设，提高信息服务质量，使果农能及时了解红枣产品销售情况。针对市场建设滞后问题，积极筹措资金，在红枣主产地区及市、县，根据红枣生产发展规模，沿公路干线建设一批辐射面积较大的红枣批发市场，使之成为红枣集散地。这些市场的建立不仅会加快对外沟通，更重要的是增强了果农的商品意识、品牌意识、效益意识，同时还将培育一批红枣经纪人。要在国内一些大中城市建立红枣销售网点，设立办事处或专卖店，拓宽销售渠道。

五要延长红枣产业链，增加产品附加值。以科技为支撑，以项目为载体，切实搞好红枣采收后处理、冬枣等鲜食枣的气调（或湿冷）贮藏和枣果的深加工等项目开发，延长红枣产业链，增加产品附加值。红枣产业发展还可以与观光旅游结合，做好沙漠红枣旅游的文章。

六要加大市场开拓力度。瞄准主体消费市场，大力开拓中亚市场，拓展东南亚、日本、韩国、中国香港和澳门等华人聚居区市场。

7　新疆核桃产业发展

7.1　核桃的营养价值

核桃具有丰富的营养价值，是世界“四大”干果之一，含有大量的钙、磷、铁，不但可以润肤，还有防治头发过早变白和脱落的效果。核桃还具有独特的保健功效。我国医学认为，核桃有温肝、补肾、健脑、强筋、壮骨的功能，常吃核桃，不仅能滋养血脉，增进食欲，还能医治神经衰弱、记忆衰退、润肠通便、肾结石等。此外，核桃仁在增进人体健康方面是中成药的重要辅料，有顺气补血、止咳化痰、润肺补肾等功能。

7.2　新疆核桃生产与布局

7.2.1　野生核桃资源

新疆具有丰富的野生核桃资源。野生核桃是第三纪孑遗物种，极为珍惜，被誉为活化石，有很高的科研价值和观赏价值。野生核桃在前苏联境内的西天山和帕米尔—阿赖山地有较大的天然群落，但与新疆伊犁相距遥远，中间没有连续分布。因此，伊犁野生核桃林呈“岛屿”状分布，它是荒漠地带山地中出现的特殊类型，是新疆栽培核桃群系的直系祖先。1983 年，经新疆维吾尔自治区人民政府批准，建立了伊犁地区巩留野生核桃自然保护区，这是我国独一无二的野生核桃种质资源区。

目前，我国的野生核桃主要分布在新疆天山伊犁河谷的巩留县南部的凯特明山中的野核桃沟及霍城县境内的博罗霍洛山的大西沟和小西沟内，生长于海拔 1 200～1 700m 之间的山坡下部或峡谷沟底，大都生长在北坡、东北和西北等阴坡或半阴坡下部，总面积 160hm^2，其中集中分布在海拔 1 300～1 500m 之间的有 100hm^2，纯林 30hm^2。直径 7cm 以上的有 3 000 余株，平均丰年单株产量可达 5～10kg。

7.2.2 生产布局

新疆核桃栽培历史悠久，种质资源丰富，以果大、壳薄和品质优良而闻名全国。由于新疆特色林果业在农业中具有经济、生态及社会效益，被自治区确定为发展经济的支柱产业之一。新疆“十一五”发展规划中确定，发展以核桃为主的干果 $66.67\times10^3hm^2$，年产值 25 亿～30 亿元。

新疆核桃年产量由 2000 年的 1.2×10^4t 增加到 2009 年的 12.26×10^4t，平均每年增加 12 289t，年均增长 29.46 个百分点。新疆核桃产量占全国核桃产量的比重由 2000 年的 3.87%增长到 2009 年的 12.69%，增长了 8.82 个百分点，平均每年增长 10.8%。2009 年，新疆核桃种植面积发展到 $247.9\times10^3hm^2$，约 8 310 万株。

目前，新疆核桃区域布局已经基本形成，主要分布在南疆的和田、喀什和阿克苏。2009 年，阿克苏核桃种植面积 $92.49\times10^3hm^2$，占全区核桃总种植面积的 37.31%，和田和喀什的核桃种植面积分别为 $65.70\times10^3hm^2$ 和 $82.37\times10^3hm^2$，占全区的比重分别为 26.50%和 33.23%，以上 3 个地区核桃种植面积占全区核桃总种植面积的 97.04%。喀什核桃产量最大，达到 5.47×10^4t，占全区核桃总产量的 44.62%，其次是和田，达到 3.62×10^4t，占 29.53%，阿克苏核桃产量 3.06×10^4t，占 24.96%，以上 3 个地区的核桃产量占全区核桃总产量的 99.11%。

新疆无公害、绿色、有机核桃种植面积达到 $20.62\times10^3hm^2$，其中，和田 $16.81\times10^3hm^2$，阿克苏 $3.67\times10^3hm^2$。无公害、绿色、有机核桃种植面积占全区核桃总种植面积的 9.8%，所占比重还很小。

表 7-1 新疆核桃生产布局

	和田	喀什	阿克苏	合计
种植面积（10^3hm^2）	65.70	82.37	92.49	240.56
占全区比重（%）	26.50	33.23	37.31	97.04
产量（10^4t）	3.62	5.47	3.06	12.15
占全区比重（%）	29.53	44.62	24.96	99.11

资料来源：新疆维吾尔自治区林业厅

7.2.3 出口基地

近年来，新疆立足实际，坚持以市场为导向，以基地建设为重点，以示范带动为动力，不断加强特色林果出口基地建设。2008 年，新疆出口注册登记果园 412 个，面积 $62.66\times10^3hm^2$，仅占全区林果总种植面积的 8.75%。其中，核桃果园注册面积 $23.32\times10^3hm^2$，占全区注册果园总面积的 37.2%，出口注册果园主要分布在和田（$22\times10^3hm^2$）、阿克苏（$0.83\times10^3hm^2$）和喀什（$0.48\times10^3hm^2$）。从注册果园核桃出口方向来看，出口方向比较集中，范围比较窄，主要为中亚、东南亚、西亚、欧亚等国家和地区。

表 7-2 新疆核桃出口基地

地　区	基地面积（$10^3 hm^2$）	出口方向
喀　什	0.48	中亚、东南亚
和　田	22	欧亚（土耳其）
阿克苏	0.83	中亚、西亚、东南亚

7.3 新疆核桃加工业发展状况

目前，新疆核桃加工企业少，加工能力和加工水平还很低。在初加工阶段，只有极少数企业引进国外先进设备进行脱青皮、烘干处理，大部分则采用较为传统的处理方法，即果农先将采摘后的核桃用土埋几天，然后再用手脱青皮，不仅对手和皮肤造成很大的伤害，同时核桃也会被真菌污染，影响核桃的外观质量和内在品质。在商品处理过程中，只对极少部分的核桃进行商品分级，桃仁破壳、分级、包装方面的设备几乎处于空白状态，核桃深加工业刚刚起步，通常是在去青皮之后直接进入市场销售。

2008 年，新疆核桃加工企业共有 5 家，其中自治区级企业 2 家，年加工能力 1 200t，仅占当年核桃总产量的 1.6%。新疆作为我国重要的核桃产区，2008 年核桃种植面积 $84.67\times10^3 hm^2$，产量 $7\times10^4 t$，贮藏、保鲜率只有 10%，加工率仅为 2%左右，在核桃加工过程中，同国外机械化程度相比，存在很大的差距。

表 7－3　2008 年新疆核桃加工企业发展状况

地　区	企业名称	产品种类	产品品牌	加工能力（t）
和田地区	新疆墨玉县阿布丹食品开发有限公司	核桃玛仁塘、玫瑰花浆	阿布丹	550
	和田库都热提食品加工厂	库都热提核桃麻塘		
	新疆皮亚勒玛果品加工有限公司	石榴酒、核桃乳、果啤		250
喀什地区	萨尔达尔食品有限公司（叶城）	核桃麻糖	萨尔达尔	200
	爱乐稀帕食品有限公司（叶城）	核桃麻糖	爱乐稀帕	200

资料来源：新疆维吾尔自治区林业厅

新疆核桃加工企业分布集中，主要分布在和田、喀什，规模都相对较小。加工产品的种类主要有：核桃玛仁塘、核桃乳、核桃麻糖、核桃，加工的产品品牌主要有：阿布丹、萨尔达尔、爱乐稀帕。

7.4　新疆核桃市场状况

7.4.1　品牌建设

目前，新疆和田核桃、阿克苏核桃和喀什核桃等特色林果产品已经在广大消费者中赢得了声誉。阿克苏核桃、叶城核桃等产品已获得国家地理标志保护产品称号，核桃品牌初步创建。阿克苏的温 185 核桃、新新 2 核桃以及叶城的扎 343 核桃等产品被第一届中国核桃大会授予银奖。

7.4.2 产品价格

新疆核桃产区集中，又集中上市，销区分散，常年消费，消费弹性大，价格取决于消费者的社会购买力和不同地区的消费习惯。此外，生产要素价格、宏观经济形势、通货膨胀、市场发育程度等也会引起核桃当期价格变化，使之偏离正常运行轨道。

新疆核桃在国内市场相对价格较高。2008 年，新疆核桃市场销售价格为 30～35 元/kg；2009 年，新疆阿克苏纸皮核桃价格为 31 元/kg，薄皮核桃 35 元/kg，新疆库尔勒特级纸皮核桃价格为 55 元/kg。而同期，北京新发地农产品批发市场核桃价格仅为 28 元/kg。

7.4.3 市场前景

新疆核桃新品种具有结果早（嫁接苗第二年就能结果）、丰产稳定性强（3 000～4 500kg/hm^2）、品质好（达国家标准优级）、易管理等特点，是新疆南疆地区农村经济的支柱产业之一。新疆核桃个大、壳薄，优质品种已闻名全国，尤其是核桃新品种，更是高产、优质品种中的极品。与其他果品相比，核桃耐贮藏、运输，开拓国内外市场以及发展前景不可估量。

目前，国内外市场销售的核桃品种单一，主要是带壳核桃及核桃仁，近两年才有核桃粉上市。西欧、北美是我国传统核桃出口市场，由于我国出口的核桃产品品质较差，自 20 世纪 80 年代初逐渐被美国品种挤占，现在每年只出口少量核桃仁。美国在国际市场上以销售中壳核桃为主，其国内销售的多为小果、厚壳、夹仁核桃。我国国内市场仍以混杂带壳核桃销售为主，只有少量加工产品上市。新疆核桃的深加工，尤其是核桃壳、夹心隔膜及青果等加工成工业制品，还在摸索之中。

7.5 新疆核桃产业发展存在的问题及对策建议

7.5.1 主要问题

新疆核桃产业在快速发展的同时，也面临着一系列的问题和困难。第一，由于果农在种植核桃中沿袭不灌水、不施肥、不整形修剪的传统栽培习惯，导致良种效益较差。第二，核桃产业的流通中介组织如核桃协会、经纪人少，市场开拓能力不足，在核桃收购和销售的过程中，尚未形成终端市场。第三，目前新疆核桃主要以卖原料和初级产品为主，产品附加值不高，同时也没有形成统一、规范的核桃产品交易市场，更没有权威的核桃市场信息平台，使果农和经纪人等获得的信息来源单一。第四，果农、中介组织以及企业没有建立起完善的利益共同体，截至 2008 年底，阿克苏地区核桃协会 38 家，中介组织规模较小，果农和中介组织关系大多是松散型的，果农觉得价格合理就卖、不合理就不卖，中介组织在收购核桃时价格好就收购、价格不好就不收购，果农和中介组织没有形成稳定、良好的利益关系。

7.5.2 对策建议

第一，加快实现现代化的节水灌溉技术，科学施肥，科学修剪。

第二，实施龙头带动，提升核桃产业化水平。以市场为导向，大力扶持和培育核桃产品深加工龙头企业，引进和发展产品新、效益高、竞争力强的龙头企业，形成龙头企业带动基地发展、大企业辐射小企业的良好发展态势。

第三，做强品牌，提升竞争力。以核桃产品地理保护标志为抓手，强化新疆核桃的地域特点。同时，还要着重协调运用营销组合策略，加强品牌建设，在做好品牌注册的基础上，着力打造全国性的知名名牌产品，使品牌拥有高的知名度、美誉度和盈利率。

第四，培育终端市场。一是培育核桃终端市场，走经纪人—出口企业和经纪人—加工企业的路径，尽量减少中间环节。二是建立“企业＋协会＋农户”的经营组织形式，提高农民组织化程度，增强农民在市场谈判中的地位，增强规避市场风险的能力。三是在农民组织化程度不高的情况下，政府应充当农民利益的维护者和代言人，按照平衡各方利益的原则，实现龙头企业与农户的共赢。

第五，积极支持和发展壮大农民营销组织、运销大户和经纪人队伍，大力发展核桃产品贮藏业、运输业和销售业。

第六，建立和完善市场体系。建立功能完善的核桃产品专业市场、批发市场，构建更快捷发达的营销网络，进一步疏通和拓展核桃产品营销渠道。

第七，加大信息基础设施建设力度。打造县、乡、村三级核桃产品市场信息平台，加强市场供求的调研预测，为农民调整核桃优良品种的种植结构、进入市场交易、更好地保护自身利益提供及时有效的信息服务。

8　新疆啤酒花资源与产业化

8.1　新疆啤酒花生产条件

啤酒花是喜光作物，全生育期要求日照时数在 1 700h 以上，光照充足与否直接影响啤酒花的产量和质量。新疆有得天独厚的光热自然条件，十分有利于啤酒花的生长发育，新疆啤酒花的质量优于其他地区。由于啤酒花对温度的适应性较强，年平均温度在 2.5～15.5℃的范围内都有啤酒花栽培。啤酒花的全生育期内要求≥10℃的积温为 2 000～2 800℃，平均气温以 14～19℃为宜，从萌芽至苗期的适温为 12～18℃，枝蔓急速生长及花蕾形成期的最合适温平均为 17～23℃，从开花至成熟前为 40～60d，平均气温为 16～20℃。昼夜温差大，有利于酒花香脂腺的形成，新疆啤酒花的主要产区在啤酒花球果开始成熟期间昼夜温差大，有利于光合产物的积累，这是新疆啤酒花质量好的主要原因。此外，新疆冬天寒冷，啤酒花的病虫害少，基本不用农药，这是新疆啤酒花生产的最大优势。

啤酒花是需水量较多的作物，水分不足会影响枝叶的生长发育，影响酒花质量。啤酒花虽然需水量较大，但也喜欢比较干燥的环境，尤其是开花至球果成熟期，如果雨水过多，空气潮湿，就会烂花、落叶，发生病虫害。啤酒花属多年生深根性作物，适宜栽培在土壤较深层，地下水位较低，有机质丰富，排水、通风良好，保肥较强的沙质土壤上。啤酒花适合地势平坦、光照充足的地区栽培，一般在海拔 400～1 400m 的范围内均可生长。

8.2 新疆啤酒花资源和生产状况

8.2.1 主栽品种及区域分布

啤酒花在新疆生长发育较好，加之一般都用好地栽培，管理也较精细，因而酒花单产高，啤酒花与粮食和啤酒花与棉花比值较其他省（自治区）低，新疆只用能生产 1.62kg 粮食或 0.36kg 棉花的土地就可生产 1kg 啤酒花。新疆啤酒花产量占全国的 85%，平均每吨售价 4 000 多美元，高的可达 7 000 多美元。啤酒花已成为新疆出口创汇的骨干商品。由于啤酒花经济效益高，新疆一些农业部门已将其作为扭亏增盈的重要作物。啤酒花生产成为新疆农村经济发展的重要组成部分，成为新疆农民收入的重要来源之一。

新疆啤酒花种植品种主要有：青岛大花、麒麟丰绿、余乐比特 3 个品种以及新培育的品种阜北-1；还有从国外引种的 3 个优良品种：马可波罗、努革特、札一等品种。

啤酒花在新疆天山、阿尔泰山有广泛分布。主要分布于阿尔泰的额尔齐斯河及其分支，阿尔泰的桦林公园、哈巴河、布尔津等地均有分布，还有塔城地区的额敏河流域以及伊犁河谷地区的伊犁河流域。

8.2.2 面积和产量

1999 年，新疆啤酒花种植面积 $2.81\times10^3hm^2$，产量 7 643t。其中，新疆地方种植面积 $660hm^2$，占自治区啤酒花总种植面积的 23.49%，产量 2 432t，占自治区啤酒花总产量的 31.82%；新疆生产建设兵团种植面积 2 153hm^2，占自治区啤酒花总种植面积的 76.61%，产量 5 221t，占自治区啤酒花产量的 68.18%。

2005 年，新疆啤酒花种植面积 2 740hm^2，平均亩产啤酒花 282.9kg，产量 1.16×10^4t，约占全国啤酒花总产量的 80%，居全国首位。2006 年，新疆已成为世界三大啤酒花种植基地之一，产量占全国啤酒花总产量 70%左右，位居中国之首、亚洲之冠。新疆啤酒花种植 80%以上集中在新疆生产建设兵团。

8.2.3 生产中存在的主要问题

新疆啤酒花产业发展存在的主要问题是品种单一，优质、高产的适合啤酒生产所需的高档品种少，没有形成大规模的推广种植，而且加工设施及技术也极为落后，生产出的啤酒花品质低，在国际市场上缺乏竞争力，极大地影响了经济效益。近年来，由于田间管理水平低，品种单一，科技含量低，宏观控制不得力，造成质量指数出现下降的趋势，有的种植农户根据市场变动，发展棉花生产，压缩了一定的啤酒花种植面积，使新疆啤酒花生产出现萎缩。随着科技进步和市场经济的发展，生产上对优质、高档香型啤酒花品种的应用越来越广泛，因此，建立科研、生产、加工、销售为一体的龙头企业，培育优质、高产啤酒花新品种，引进先进的加工设备，开拓啤酒花深加工领域已成当务之急。

8.3 新疆啤酒花市场分析

我国啤酒花种植主要集中在新疆、甘肃和内蒙古等省（自治区)。其中，新疆由于具有适合啤酒花生长发育的独特的优越气候资源、地理位置和广阔的土地资源，使其啤酒花生产在全国无论产量还是质量都具有比较优势，已成为国内啤酒花生产的重要基地。目前，我国出口的啤酒花几乎全部产于新疆，内销啤酒花的 70%以上亦由新疆供应。

新疆具有相当数量的宜农荒地，土壤具有土层深厚、地下水位低、有机质含量高、透气性良好、保肥力强、富含钾素等特点，特别适合啤酒花的种植。啤酒花生长期需水量大，但又要求空气湿度低，新疆灌溉农业的特点恰好能满足这一需要。

在新疆，以农业高新技术结合独特的资源优势，生产出高品质、高档次、高科技含量的啤酒花产品，再通过系列深加工、精加工，提高啤酒花产品的附加值，大力建设和实现啤酒花产业化，将成为新疆农业经济结构调整、农民增收，带动地方经济发展的重要手段。

8.4 新疆啤酒花发展前景

新疆有得天独厚的自然条件，非常适宜啤酒花的生长，啤酒花产业已成为新疆特色产业之一。应该珍惜大自然赋予新疆的自然条件，紧紧抓住我国西部大开发的历史机遇，统一规划，坚持科学发展观，以市场为导向，以科技为依托，以增加农民收入为目标，发展新疆啤酒花产业。

以市场为导向，以我国啤酒发展规模以及国际市场需求为依据，合理配置啤酒花资源，切不可一哄而上，造成生产过剩、供大于求。以科技为依托，应以引进国内外啤酒花良种、发展新疆啤酒花产业化为出发点。新疆啤酒花 α-酸含量最高可达 12%～14%。因此，新疆要依托科技，提高啤酒花制品在国内外市场上的竞争能力。

啤酒花是特殊的经济作物，其栽培过程、优良品种选育、加工、产品流通都需要特殊的技术。要培植新疆啤酒花产业，就要大力发展科研、种植、加工、销售为一体的龙头企业，并争取成为新疆和国家农业产业化的重点龙头企业，为我国西部大开发，为新疆农业结构调整，为增加新疆农民收入，为发展边疆经济、促进边疆安定团结做出新的贡献。

当前，我国啤酒已进入世界流通领域。我们应尽快采取措施，提高我国啤酒的质量，使之与国外啤酒质量处在同一档次。新疆是我国啤酒花重要生产基地，应由国家、自治区及农业行政部门、生产企业共同出资，设立专门的研究机构，研究啤酒花的栽培、选育、加工、产品流通，还要研究香型酒花和苦型酒花的种植比例，为生产高档啤酒提供原料保障。要制定优惠政策，鼓励国内外实业家来新疆投资，共同开发新疆啤酒花产业。

9　新疆枸杞产业发展

9.1　发展枸杞产业的重要性及意义

目前，国际上越来越多的国家致力于研究开发功能食品和天然保健药品，我国保健功能产品也以每年大于10%的速度在增长。枸杞作为一种名贵中药材和营养滋补品，不仅具有增强造血功能、抗脂肪肝、降血糖、降血压等药理作用及功效，还具有增强免疫力、防衰老等保健营养价值，是理想的药食兼用营养保健珍品。新疆是我国为数不多的枸杞主产区之一，无论是枸杞原果、干果，还是其中间产品和最终产品，在国内外市场都有广阔的需求空间，而且随着近年来枸杞主产区种植、加工、运输、贮藏、销售及研发等产业发展，也很大程度上带动了枸杞产区农民增收和地方农村经济发展。此外，枸杞独特的生态环境效益，是干旱荒漠区造林的主要经济树种，在防风固沙、恢复生态建设中发挥着重要作用。新疆枸杞产业发展在满足国内外市场对枸杞产品的需求、带动农民增收和促进地方经济发展、改善生态环境等方面具有巨大的经济效益、社会效益和生态效益。

9.2　新疆枸杞产业发展基础与优势

9.2.1　产区集中，规模生产潜力较大

“十一五”期间，在自治区大力推动林果业发展的强劲趋势

下，新疆枸杞产业也得到不断恢复和发展。2010 年，新疆枸杞种植面积 $15.8\times10^3hm^2$，总产量 2×10^4t，产值 5.65 亿元。新疆枸杞分布和种植区域比较广阔，但主要集中在精河、乌苏、沙湾、石河子、玛纳斯等天山北坡准噶尔盆地南缘的荒漠平原。其中，博尔塔拉枸杞种植规模最大，2010 年种植面积 $7\times10^3hm^2$，占全区枸杞种植面积的 45.50%，占博尔塔拉林果种植面积的 88%；枸杞产量 1.3×10^4t，占全区枸杞产量的 64.19%，占博尔塔拉林果产量的 65%；产值 4.17 亿元，占全区枸杞产值的 74%，占博尔塔拉林果业产值的 93%。素有“中国枸杞之乡”美誉的精河县是新疆枸杞生产的最主要产区，生产能力较强，种植面积和产量分别占全区的 45%和 65%以上。其余产区主要分布在塔城，种植面积和干果产量分别占全区的 27.73%和 34.46%。

9.2.2 自然条件优越，具有品质优势

新疆与宁夏、甘肃、河北、内蒙古等其他枸杞主产区相比，具有较好的枸杞生长环境条件优势。新疆太阳总辐射量高于黄河中下游地区，太阳光照时间高于长江中下游地区，同时，昼夜温差大，有利于农作物糖分和营养积累，降水稀少，空气干燥，不利于病虫害发生与传播，有利于枸杞制干加工和储藏。新疆枸杞主产区的水源和灌溉条件较好，也为枸杞生长提供了必要的条件。

得益于优越的生产条件，新疆枸杞外观和品质均优于国内其他产区。新疆枸杞色泽红润、颗粒饱满、肉厚皮薄、甘甜味美，尤其是精河县枸杞品质最佳，营养成分含量高，保健药用效果

好，总糖热能、多种维生素、人体必需的氨基酸和微量元素，均高于其他产地。经相关权威部门检测，精河县枸杞富含蛋白质、枸杞多糖、维生素、甜菜碱、烟酸和钙、镁、钾、锌、锰、铁、铜等多种微量元素，其主要功效成分达到或超过国家标准，特别是蛋白质、枸杞多糖等主要成分含量大大高于国家标准。

9.2.3 比较效益高，成为主产区农民收入的主要来源

一是新疆枸杞单产水平较高，明显高于宁夏。2010 年，新疆枸杞单产 1 710kg/hm^2，高于宁夏的 1 500kg/hm^2。其中，博尔塔拉单产水平最高，为 3 045kg/hm^2，塔城次之，为 1 665kg/hm^2。

二是新疆枸杞亩均产值效益较高，不仅高于粮食、棉花等大宗农作物，也远远高于其他林果产区的干果产品。2010 年，新疆枸杞亩均产值 2 390 元，博尔塔拉枸杞亩均产值达 3 873 元，高于当地棉花亩均产值，更高于粮食亩均产值。与新疆其他林果产区相比，仅低于香梨和葡萄，但已高于红枣和核桃，分别是红枣亩均产值 910 元和核桃亩均产值 948 元的 2.63 倍和 2.52 倍。

三是新疆枸杞主产区农民收入高。2010 年，主产区精河县枸杞收入在农民纯收入中的比例达到 16%。在精河县托里乡，枸杞收入占农民人均纯收入 7 726 元的 50%，枸杞产业已成为主产区农民收入的重要来源和支柱产业。

9.2.4 枸杞是重要的防风固沙造林树种

由于枸杞适应性强，耐盐碱、耐干旱、耐瘠薄，是干旱区和盐碱地的主要造林树种，非常适宜在新疆干旱瘠薄地带生长。同时，枸杞萌蘖力、发芽力强，对于改良土壤、改善区域生态环

境、防风固沙起着不可替代的生态屏障作用。2010 年，新疆种植枸杞近 6 000 万株，亩均 240 株，已成为精河等主产县防风固沙、保护和改善生态环境的主要造林树种，也是这些地区农民首选的退耕还林经济树种，在保护和恢复区域生态环境建设中，发挥着重要的生态屏障作用和功能。

9.3 新疆枸杞产业发展中存在的主要问题

9.3.1 基地建设缓慢，标准化生产没有形成

一是枸杞基地规模小，发展速度慢。目前，新疆枸杞种植面积只占全区林果总种植面积的 1.25%，而且在全国枸杞生产发展中的规模优势也逐渐丧失，主产区精河县枸杞种植面积和产量也只有宁夏中宁县的 1/8，规模化种植生产基地建设缓慢已成为制约新疆枸杞产业发展的主要障碍。二是标准化生产基地建设滞后，枸杞产品质量安全和卫生不能得到保障。无公害枸杞基地建设还没有普及。虽然精河县建立了无公害枸杞生产示范园，制定了《无公害枸杞栽培技术规程》，并获得无公害枸杞认证面积 0.51 万 hm^2，但尚未在新疆枸杞产区得到广泛推广。绿色、有机枸杞基地建设规模较小，虽然制定了《绿色枸杞栽培技术规程》和《有机枸杞栽培技术规程》，但获得有机枸杞基地认证的只有 2 家企业，面积只有 434.5hm^2。三是枸杞出口基地注册备案建设处于空白，全区已建成的 4 万 hm^2（644 个）出口水果注册果园中，还没有枸杞出口基地登记备案。

9.3.2 产业链短，加工能力不足，产品附加值低

一是新疆枸杞企业数量少、规模小。目前，主要有精杞红、

天杞叶茶、鸿锦、珊怡、永业等5家枸杞加工企业，还没有一家国家级或自治区级龙头企业，企业带动农户生产和开拓市场的能力有限。二是企业生产模式单一，资金不足，技术落后，加工能力和水平低，以经营初级枸杞干为主，贮藏、保鲜仍采用常温方式。2009年，全区枸杞贮藏、保鲜占总产量的10.8%，加工量仅占1.18%。除鸿锦外，其他4家企业年加工转化枸杞干果不足500t。三是枸杞产业链短，精深加工产品少，附加值低。2010年，新疆枸杞加工产值仅占枸杞总产值的5.5%，加工利润和效益极低。目前，虽然开发了枸杞酒、枸杞蜂蜜、枸杞浓缩汁、枸杞饮料、枸杞红色素、枸杞果酱、枸杞油、枸杞多糖、枸杞粉胶囊、枸杞茶叶、枸杞花粉等10余种深加工产品，但90%以上的枸杞仍以初级干果产品进入市场，只有极少量的枸杞能被精深加工。

9.3.3　品牌建设滞后，缺乏市场竞争力

新疆是我国主要的枸杞主产区之一，但知名度低，大多数消费者或不认识，或不接受。新疆枸杞品牌比较杂乱，且均以企业自身名称命名，虽然有如“精河枸杞”、“珊怡”、“永业”、“红润果”、“精杞红”等多个系列品牌，但尚未形成统一的地方特色品牌，没有一个全国知名品牌。尽管精河县1998年被农业部命名为“中国枸杞之乡”，2001年“精河枸杞”被认定为“新疆农业品牌产品”，2002年“精河枸杞”获得国家工商行政管理总局认定的“原产地证明商标”，2005年“精河枸杞”被认定为新疆著名商标，但没有形成品牌效应，与宁夏枸杞相比，在全国的地位和知名度相差甚远，竞争力也相对较弱。产品包装也缺乏统一标

准，目前以“精河枸杞”为名的包装不低于20种，品级良莠不齐，没有体现和反映“精河枸杞”的优势和特色。

9.3.4 国内市场开拓不足，国际市场不稳定

目前，新疆枸杞产品基本上以国内市场销售为主，且国内市场范围和领域很小，主要集中在北京、广东、四川等地。企业和各级政府对枸杞的宣传意识不强，宣传力度不够。特别是枸杞经销企业销售方式单一，尚未建立起自己的销售渠道和销售模式，以专卖店经销和对外地销售商定向供货为主，专卖店销售网点数量很少而且分散，外地经销商实力不强也不稳定，国内市场占有率和竞争力较低。

新疆枸杞出口很少，且出口波动较大，出口市场不稳定，主要出口马来西亚、泰国、中国香港和台湾等华人聚居区。2004—2010年，新疆枸杞出口呈大幅波动状态。2005年出口量高达169.41t；2008年没有出口；2009年先从中国香港和台湾、马来西亚、泰国出口，再转口贸易到新加坡、巴拿马和加拿大，对这3个国家的出口量分别为10.43t、4.22t和7.50t；2010年仅出口日本，出口量只有22.15t，只占当年总产量的0.1%。

9.3.5 市场不稳定，价格波动较大

目前，新疆枸杞生产以分散经营的农户为主，产业化程度很低，缺乏准确的市场信息，产品外销主要依赖外商收购，生产经营者对市场的把握和分析不足，加上没有稳定的市场，价格波动较大，农民利益不能得到保障，生产不稳定，产业发展也不能持续。1998年和2004年，精河县枸杞销售价格一度降到15元/kg

以下，导致农民两度砍树，致使枸杞种植面积下降到 0.15 万 hm^2。2009 年枸杞销售价格再度降到 15 元/kg。2010 年通货枸杞收购最高价达 32 元/kg，也远低于宁夏枸杞的收购价格。价格大幅波动，市场不稳定，已严重影响到新疆枸杞产业稳步、健康、持续发展。

此外，新疆枸杞产业发展还面临着优良枸杞品种选育技术落后、良种繁育能力建设较低、优良苗木基地建设不足、枸杞果树修剪和病虫害防治技术不成熟等生产和管理技术问题。新疆枸杞制干技术运用不成熟以及资金和设备投入不足，直接影响到枸杞制干质量和精深加工能力。枸杞成熟期与采摘棉花用工发生冲突，劳动力用工难、用工成本高，常常延误最佳采摘期，也影响到枸杞干果品质、质量及价格。

9.4 加快新疆枸杞产业发展的对策思考

9.4.1 集中力量加快主产县基地建设，打造枸杞产业带

目前，枸杞生产主要集中在精河县、乌苏县和沙湾县，其种植面积占全区的 70%以上，产量占全区的 95%以上，是新疆枸杞生产发展的核心地带和重要基地。为此，应率先集中力量加大精河县枸杞标准化生产基地建设，实行规模化、标准化种植，同时，加快乌苏、沙湾两大生产基地建设，努力把精河—乌苏—沙湾打造成新疆枸杞红色产业带，以此带动和适度发展昌吉、伊犁河谷等适宜区的枸杞生产基地。以绿色、有机种植基地建设为中心，大力支持龙头企业自建种植基地，鼓励和支持大户农户租赁土地建基地、专业合作组织吸收土地入股建基地，推进枸杞种植

规模化。加快主产县枸杞出口基地认证备案进程，做好出口注册果园建设，争取到2015年出口备案的枸杞基地面积达到50%以上。

9.4.2 重视标准化生产，提高枸杞质量安全水平

按照国际市场需求和国家行业标准，尽快建立健全新疆枸杞标准体系。研究制定新疆枸杞产品标准，完善标准化制度，逐步实行标准化生产、标准化采摘和标准化包装。加强标准化宣传和技术指导，强化标准化意识。加快制定枸杞生产、加工各环节的标准化生产规范，制定和出台相关政策，鼓励各环节生产者严格按照标准要求进行生产，将标准化贯穿于生产、加工、贮藏、运输的全过程，提高枸杞产业整体水平，为进一步开拓国内外市场、做大做强新疆枸杞产业打下坚实基础。

9.4.3 采用统一商标，实施品牌化战略

树立品牌意识、创立自有品牌、宣传推广和经营品牌是目前新疆枸杞开拓市场、提高市场竞争力的重中之重。实施品牌战略是争夺市场份额和企业生存与发展的根本，经销企业要树立品牌战略的意识。借助新疆在国内外有影响力和声誉的林果产品品牌企业的力量，嫁接或联合现有林果产品品牌，创立枸杞自有品牌。加快品牌开发速度，通过联合、兼并、收购、转让、有偿使用等资本运营手段，整合现有枸杞企业资源，促使新疆枸杞对外销售采用统一品牌、统一商标，形成1～2个在全国有知名度的新疆枸杞品牌，带动新疆枸杞产业发展和提升。

9.4.4 加大宣传和推广力度，提高新疆枸杞知名度

依托乌洽会、喀交会等招商载体，利用新疆在北京、上海、广州三大农副产品外销平台，加大新疆枸杞产品的宣传和推广力度。围绕枸杞药用及保健价值，借助地方特色产品和文化相结合的宣传模式，建设新疆枸杞文化长廊，尤其是集中展示精河枸杞特色，提升形象和认知度，以此带动新疆枸杞挺进国内外市场。邀请文艺工作者以及专家、学者来新疆枸杞产区（精河）采风、调研，撰写文学作品、论文报告等，以提升新疆枸杞的关注度，扩大影响。通过国内各主销地的主流媒体，以新闻报道、专题片、广告、参加节会等形式，多层次、多渠道、全方位宣传，着力提升新疆枸杞知名度。举办精河枸杞文化节，充分展示新疆枸杞优势和特色，引导和开发消费者对新疆枸杞的消费需求。

9.4.5 加强市场体系建设，顺畅枸杞外销渠道

继续加强精河县托里乡枸杞批发市场建设，在加强交易厅（棚）、展示中心、物流仓储以及水、路、电等基础设施建设的基础上，重点加强批发市场内枸杞分级、筛选、包装等设施建设，实现统一包装，形成产品差异化，实现差异化销售，提高产品附加值。同时，要加强检验检疫、信息采集与服务、商品配送等现代市场服务体系建设，创新交易方式，彻底转变枸杞市场地摊式交易的传统销售模式。此外，充分发挥外来枸杞经销商在资金、信息等方面的优势，调动产区企业、经销大户及农民经纪人的积极性，实现枸杞及其精深加工产品在国内重点大城市设专卖店经

销和进超市经营（医药超市和大型连锁超市），实现枸杞种植基地与加工企业、超市、餐桌顺畅对接。加强新疆枸杞国外市场营销，主攻中国香港和台湾以及东南亚市场，健全新疆枸杞市场营销体系，提升产品销售层次。

9.4.6 加大和完善各项政策支持，夯实枸杞产业发展的基础

一是重视枸杞在新疆林果业发展中的地位和作用，特别是作为新疆特定的干旱荒漠平原的主要生态造林树种，与新疆区域内其他林果产区相比，发展枸杞产业有诸多的不利因素和障碍，也有其特殊的意义和功效，应有特殊的支持和扶持政策。

二是将枸杞种植基地建设纳入国家生态建设和退耕还林工程建设，以项目带动，加快枸杞种植规模化发展，按照国家退耕还林补助标准，自治区给予配套资金支持。补助年限按生态林建设补助年限计算，充分调动农民种植枸杞的积极性，实现规模化种植。对于枸杞苗木繁育和造林补助，实行国家和地方财政共同扶持的方式，补贴标准按国家宜林荒山、荒地、荒滩、荒沙造林补助标准执行，地方财政实施以奖代补方式，加大支持力度，加强枸杞良种繁育。

三是抓住机遇，重点扶持发展潜力大、成长性好、带动能力强的企业和项目。利用对口援疆和全国19个省份支援新疆发展的大好契机，积极引进有实力的企业参与枸杞产品开发和精深加工，提高枸杞产业发展能力，延长产业链，增加产品附加值。

四是尽快出台枸杞产业发展的相关配套政策，在项目审批、

工商登记、企业用地、税收信贷等方面实行优惠和倾斜。加大财政投入和支持力度，加大金融支持力度，重点扶持枸杞精深加工企业，使国家支持林业发展贴息贷款政策，重点向枸杞产业企业倾斜，特别是对发展枸杞贮藏、保鲜、加工转化等的机械设备购置、质量检测检验以及批发交易市场设施建设等，优先享受贴息贷款政策。整合各种来源的项目资金，选准和明确支持的环节与重点，建立多渠道、多元化投入机制，形成扶持枸杞产业发展的合力。

主要参考文献

[1] 李金叶．新疆农业优势特色产业带培育研究．中国农业出版社，2006.
[2] 马惠兰．区域农产品比较优势理论研究与实证分析．中国文史出版社，2005.
[3] 刘晏良．新疆特色农业发展的总体思路与对策 [J]．新疆农业科学，2001（3）．
[4] 新疆维吾尔自治区党委政策研究室课题组．新疆红色产业发展问题研究 [J]．新疆社会科学，2001，2：40－46.
[5] 刘英杰，马惠兰．新疆特色农业产业发展现状分析与对策建议．中国农村小康科技，2010（8）．
[6] 刘英杰，等．新疆绿色食品产业发展现状及对策建议．农产品质量与安全，2010（8）．
[7] 马惠兰．区域农产品比较优势理论分析探讨．农业现代化研究，2004（4）．
[8] 马惠兰．我国棉花生产比较优势与出口竞争力的区域差异分析．国际贸易问题，2007（7）．
[9] 马惠兰，蒲春玲．库尔勒香梨产业化经营中农民经济组织模式构建．中国农垦经济，2003（5）．
[10] 余晓明，张敬东，等．新疆红色产业发展的政策及对策研究 [J]．新疆财经，2002，1：3－7.
[11] 张军，朱磊，等．新疆番茄加工业的国际竞争力分析 [J]．新疆财

经，2001，3：15－18.

［12］黄丽娜．新疆红色产业——番茄产业化经营现状及对策分析［J］．塔里木大学学报，2005，3：89－91.

［13］张静健，任卫新，等．基地建设：新疆番茄加工产业的关键［J］．新疆农垦经济，2005，5：33－36.

［14］国家发展和改革委员会价格司．全国农产品成本收益资料汇编，2009.

［15］新疆维吾尔自治区农业厅．新疆农业（种植业）第十二个五年规划，2010.

［16］新疆维吾尔自治区农业厅．新疆优势特色农产品发展规划（2008—2015年），2010.

［17］张建伦．新疆葡萄产业发展探析．石河子大学学报［J］．2006（8）．

［18］董智慧．香梨产业发展现状、存在问题及建议［J］．新疆农业科学，2007（S2）．

［19］易正兰．农业产业集群与农业区域品牌互动分析——以库尔勒香梨品牌为例［J］．新疆财经，2009（06）．

后　记

一直以来，我们以新疆具有得天独厚的发展特色农业的自然资源禀赋和条件为自豪，也为这块沙漠包围的绿洲创造和生产了丰富多样的享誉海内外的特色农产品而骄傲。然而，由于自然环境条件脆弱，经济发展基础薄弱，技术和资金投入不足，农业生产条件差，生产方式落后，致使资源优势还远没有转换成经济优势和市场优势，特色农产品市场竞争力低，农民收入水平低，成为影响新疆实现现代农业和发展农村经济的桎梏。多年以来，我们潜心致力于新疆农业农村问题的研究，高度关注新疆特色农业的发展。作为土生土长的新疆人，作为新疆农业经济问题的研究学者，我们一直试图找到破解新疆农业发展问题的途径和方式，特别是对如何利用新疆特殊的优势资源和条件发展特色农业，一直是我们关注和研究的重点和焦点。在新时期国家积极推动现代农业发展的形势下，有幸得到农业部“十二五”规划重点研究课题的支持和资助，顺利完成了此项课题研究任务，并得到中华农业科教基金会的支持，同意资助结集出版。研究成果能够得到多个部门的重视和关注，使我们多年来的夙愿得以实现，感到十分欣慰和感激。

该项选题和研究得到农业部援疆干部、新疆维吾尔自治区农业厅副厅长刘英杰博士的启发和引导，并给予大力支持和鼓励。刘英杰投身于新疆经济发展的热情，奉献于新疆农业事业发展的精神，对新疆农业和农村经济发展问题与发展方向的思考，与我们一起不断探索研究该领域的新问题，鼓舞着我们这几年来不断推出一系列研究新成果。刘英杰对我们的课题研究倾注了大量的心血和操劳，在研究方向、框架结构设计、完善提高等方面，给予了颇多指导，同时，在百忙中作序。本书出版之际，在此，表示深深的感谢和敬意！

本研究得到了农业部发展计划司、农业部规划设计研究院的关心支持，得到了周应华、刘明国、詹惠龙、肖运来、陈伟忠等领导和专家的帮助与肯定。新疆维吾尔自治区农业厅提供了大量的资料，吴良、郭新正、金山、陈向东、陈胜辉等参与了本课题研究工作；马瑛、余红、赵达君、戴泉老师撰写了部分章节内容；刘晓军、颜璐博士研究生参与并完成了部分研究内容撰写；贾改凤、孙长平、曹守峰、李旭、杜涛、魏巍、焉成龙等硕士研究生参与了资料搜集、调研和部分专题报告内容写作。在此，一并表示衷心感谢！

本研究在报告撰写中，借鉴和参阅了大量国内外专家和学者的相关研究成果，特别是新疆维吾尔自治区农业厅相关部门提供了一些前期规划研究报告，新疆维吾尔自治区林业厅提供了新疆特色林果发展的相关资料，在此，特向相关作者和单位致敬！

由于新疆地域辽阔，区域内发展不平衡，差异明显，特色农业涵盖的领域面广，特色农产品种类繁多，限于篇幅及研究主题，本研究仅针对种植业中主要的特色农产品进行了专题探讨和分析。研究中存在的缺点和不足，恳请读者不吝指正、赐教。

马惠兰

2011 年 6 月 30 日